목차

이 책을 보는 법 ················ 7

1 파워 타입   9

사자   10
- 사자의 비밀 ················ 10
- 동료 ······················ 12
  - 퓨마, 검은표범, 재규어, 시베리아호랑이, 벵골호랑이, 수마트라호랑이
- 생존을 위한 사투 ············ 16
- 가상 배틀 1 vs 호랑이 ········ 20
- 가상 배틀 2 vs 검은표범 ······ 22

곰   24
- 곰의 비밀 ·················· 24
- 동료 ······················ 26
  - 대왕판다, 북극곰, 반달가슴곰, 태양곰

- 생존을 위한 사투 ············ 28
- 가상 배틀 3 vs 시베리아호랑이 ·· 32
- 가상 배틀 4 vs 금빛원숭이 ···· 34

고래·범고래   36
- 고래·범고래의 비밀 ·········· 36
- 동료 ······················ 38
  - 흰긴수염고래, 북태평양참고래, 향유고래, 일각돌고래
- 생존을 위한 사투 ············ 40
- 가상 배틀 5 vs 남방코끼리물범 ············ 42
- 가상 배틀 6 vs 바다코끼리 ···· 44

독수리·수리   46
- 독수리의 비밀 ·············· 46
- 동료 ······················ 48
  - 남미수리, 필리핀독수리, 참수리, 뱀잡이수리
- 생존을 위한 사투 ············ 50
- 가상 배틀 7 vs 바다사자 ······ 52

왕도마뱀　54

왕도마뱀의 비밀 ········· 54
동료 ······················ 56
　물왕도마뱀, 레이스왕도마뱀, 뉴기니왕도마뱀,
　벵골왕도마뱀
생존을 위한 사투 ········· 58
가상 배틀 8 vs 물소 ······ 60

비단뱀　62

비단뱀의 비밀 ············ 62
동료 ······················ 64
　인도왕뱀, 아프리카비단구렁이, 볼비단구렁이,
　초록나무비단뱀
생존을 위한 사투 ········· 66

가상 배틀 9 vs 아시아코끼리 ··· 68

특선 파워 파이터　70

아프리카코끼리 ·············· 70
동료 ························ 72
　바다코끼리, 표범, 나일악어, 서부고릴라,
　점박이하이에나, 하마
가상 배틀 10 vs 서부고릴라 ··· 76
가상 배틀 11
vs 버펄로 ··················· 78

2 스피드 타입　83

늑대　84

늑대의 비밀 ··············· 84
동료 ······················ 86
　아프리카들개, 코요테, 검은등자칼, 갈기늑대
생존을 위한 사투 ········· 88
가상 배틀 12 vs 울버린 ···· 90
가상 배틀 13 vs 크로드러너 ·· 92

임팔라　94

임팔라의 비밀 ············ 94

동료 ······················ 96
　검은꼬리누, 기린영양, 톰슨가젤,
　아라비아오릭스
생존을 위한 사투 ········ 98
가상 배틀 14 vs 표범 ···· 102

얼룩말　104

얼룩말의 비밀 ··········· 104
동료 ····················· 106
　프셰발스키, 아프리카야생당나귀,
　그레비얼룩말, 마운틴얼룩말
생존을 위한 사투 ······· 108
가상 배틀 15 vs 아프리카들개 ·· 110

캥거루 112

캥거루의 비밀 112
동료 114
굿펠로우나무타기캥거루, 파르마숲왈라비, 코알라, 슈가글라이더
생존을 위한 사투 116
가상 배틀 16
vs 단봉낙타 118

몽구스 120

몽구스의 비밀 120
동료 122
작은아시아몽구스, 미어캣, 포사, 빈투롱
생존을 위한 사투 124
가상 배틀 17 vs 뻐끔살무사 ··· 126
가상 배틀 18 vs 아이아이 ······ 128

매 130

매의 비밀 130
동료 132
흰매, 황조롱이, 뱀매, 남부카라카라
생존을 위한 사투 134
가상 배틀 19 vs 칼새 136

특선 스피드 파이터 138

치타 138
동료 140
가지뿔영양, 캘리포니아멧토끼, 타조, 바실리스크이구아나
가상 배틀 20 vs 타조 142
가상 배틀 21
vs 주머니쥐 144

3 가드 타입 149

코뿔소 150

코뿔소의 비밀 150
동료 152
검은코뿔소, 인도코뿔소, 자바코뿔소, 수마트라코뿔소
생존을 위한 사투 154
가상 배틀 22 vs 하마 156

아메리카들소 158

아메리카들소의 비밀 158
동료 160
버펄로, 야크, 자이언트일런드영양, 봉고
생존을 위한 사투 162
가상 배틀 23 vs 회색곰 164

아르마딜로 ... 166

아르마딜로의 비밀 166
동료 168
  브라질세띠아르마딜로, 여섯띠아르마딜로,
  아홉띠아르마딜로, 나무천산갑
생존을 위한 사투 170
가상 배틀 24
vs 왕아나콘다 172

라텔 ... 174

라텔의 비밀 174
동료 176
  울버린, 조릴라, 자이언트수달, 일본족제비
생존을 위한 사투 178
가상 배틀 25 vs 땅돼지 180

카피바라 ... 182

카피바라의 비밀 182
동료 184
  마라, 뉴트리아, 친칠라, 파커
생존을 위한 사투 186
가상 배틀 26
vs 검은손거미원숭이 188

특선 수비형 파이터 ... 190

알다브라자이언트육지거북 ... 190
동료 192
  말코손바닥사슴, 기린, 쌍봉낙타, 미국악어
가상 배틀 27 vs 타조 194
가상 배틀 28 vs 굴토끼 196

4 테크닉 타입 ... 199

태즈메이니아 데빌 ... 200

태즈메이니아 데빌의 비밀 ... 200
동료 202
  주머니고양이, 더스키엔테치누스,
  주머니개미핥기, 다스마니아승냥이
생존을 위한 사투 204
가상 배틀 29
vs 레오파드바다표범 206

침팬지 ... 208

침팬지의 비밀 208
동료 210
  보르네오오랑우탄, 베네수엘라붉은짖는원숭이,
  동부고릴라, 검은손거미원숭이
생존을 위한 사투 212
가상 배틀 30 vs 동부고릴라 ... 214
가상 배틀 31 vs 재규어 216

개미핥기　218

- 개미핥기의 비밀 ········· 218
- 동료 ·················· 220
  - 작은개미핥기, 애기개미핥기,
  - 북부작은개미핥기, 땅돼지
- 생존을 위한 사투 ········ 222
- 가상 배틀 32
  - vs 갈색목세발가락나무늘보 ···· 224

부엉이·올빼미　226

- 부엉이·올빼미의 비밀 ····· 226
- 동료 ·················· 228
  - 쇠부엉이, 블래키스톤물고기잡이부엉이,
  - 흰올빼미, 엘프올빼미
- 생존을 위한 사투 ········ 230
- 가상 배틀 33
  - vs 등줄무늬스컹크 ········· 232
- 가상 배틀 34
  - vs 흡혈박쥐 ············· 234

코브라　236

- 코브라의 비밀 ·········· 236
- 동료 ·················· 238
  - 블랙맘바, 타이팬, 반시뱀,
  - 동부다이아몬드방울뱀
- 생존을 위한 사투 ········ 240
- 가상 배틀 35
  - vs 아프리카비단구렁이 ······ 242
- 가상 배틀 36
  - vs 인도공작 ············· 244

특선　테크니컬 파이터　246

- 큰뿔야생양 ············· 246
- 동료 ·················· 248
  - 아이벡스, 갈기산미치광이, 등줄무늬스컹크,
  - 흡혈박쥐
- 가상 배틀 37 vs 호그질라 ····· 250
- 가상 배틀 38 vs 조릴라 ······ 252

칼럼

- 천하장사 동물 랭킹 ········ 80
- 동물이란 무엇일까? ········ 82
- 점프력이 강한 동물 랭킹 ··· 146
- 숨은 동물을 찾아보자! ····· 148
- 괴상한 모습의 동물 ········ 198
- 위험한 동물 랭킹 ········· 254

이 책을 보는 법

비밀
그룹을 대표하는 동물을 등장시켜 싸움에서 살아남기 위한 특징을 해설하는 페이지다.

▶ **특징**
무기로 쓰는 신체 일부분과 생태를 '공격', '방어', '스피드', 이렇게 세 부분으로 나누어 설명했다.

- **공격**: 먹이를 잡을 때 사용하는 사냥 방식의 특징.
- **방어**: 몸을 지키는 법과 숨는 방법의 특징.
- **스피드**: 먹잇감을 쫓는 방식과 천적으로부터 도망칠 때의 특징.

▶ **데이터** 이 페이지에 소개된 동물을 설명했다.

동료
그룹에 속하는 동물 중 특색 있는 동물을 선별하여 소개하는 도감 페이지다.

▶ **이름과 해설**
동물의 이름과 특징을 소개했다.

▶ **파라미터**
다섯 가지 능력을 3단계로 나누어 표시했다.

- **힘**: 힘의 세기
- **속도**: 이동할 때 속도
- **기술**: 기술의 강도
- **위험**: 인간에게 위험한 정도
- **방어**: 몸을 지키는 능력

▶ **크기와 서식지**
평균적인 크기와 대표적인 서식 지역을 소개했다.

생존을 위한 사투

동물들이 평소 생활하면서 치르는 싸움을 설명하는 페이지다.

▶ **무엇을 하는가?**
무엇을 위해 싸우는가를 알기 쉽게 정리했다.

▶ **해설**
싸울 때의 상황이나 싸움과 관련된 특징을 해설했다.

가상 배틀

현실에서는 볼 수 없는 동물끼리의 싸움을 일러스트로 재현한 페이지다.

▶ **싸우는 동물**
싸우는 동물들을 소개하고 그 사진을 수록했다.

▶ **파라미터**
동물의 능력을 파워, 수비력, 스피드, 이렇게 세 부분으로 나눈 뒤 다섯 단계로 평가했다.

▶ **전투 장면**
싸우는 모습을 네 컷으로 나누어 보여 주었다.

파워 타입

날카롭고 거대한 송곳니와 발톱을 이용해 상대를 쓰러뜨리거나 거대한 몸으로 육탄전을 벌이는 힘이 장사인 동물들을 소개한다.

사자의 비밀

날카로운 발톱과 송곳니를 지녔고, 민첩한 동작으로 사냥감을 잡는 지상 최강의 사냥꾼이 바로 사자다.

공격

공격

거대한 송곳니가 난 턱

무는 힘은 육상 동물 중에서도 단연코 최강이다. 제아무리 단단한 뼈도 산산조각 내버린다.

날카로운 발톱을 가진 앞발

앞발의 힘이 매우 센데, 예리한 발톱에 공격당한 사냥감은 갈가리 찢어진다.

사자

크기 3m **서식지** 아프리카, 인도

초원에서 사는 대형 고양잇과 동물. 소수의 수컷이 많은 수의 암컷과 함께 무리를 이루며 살아간다. 무리로 사냥하기 때문에 덩치가 훨씬 큰 사냥감도 잡을 수 있다.

방어

급소를 보호해 주는 갈기

목을 물려도 덥수룩한 갈기가 보호해 줘 적의 송곳니가 쉽게 꿰뚫지 못한다.

대형 고양잇과 동물들은 육상에서는 무적의 사냥꾼이다. 하지만 스태미나가 부족해 장기전에는 약하다.

퓨마

크기 ▶ 2m

서식지 ▶ 남북미

사막이나 정글, 초원과 고산지대 등 다양한 환경에 적응하며 살아가는 요령 좋은 사냥꾼이다. 먹잇감도 곤충부터 쥐, 미국너구리, 말코손바닥사슴 등 굉장히 다양하다.

검은표범

크기 ▶ 1.8m

서식지 ▶ 아시아, 아프리카

검은표범이라는 종이 별도로 있는 게 아니라 간혹 까만 털을 가지고 태어난 표범을 검은표범이라고 부르기에 능력은 표범과 같다. 검은표범도 평범한 황색 표범에게서 태어난다.

재규어

크기 ▶ 1.9m

서식지 ▶ 남북미

아메리카 대륙 최강의 육식 동물. 표범과 몸길이는 같아도 골격이 더 단단해서 몸무게는 1.5배 더 나가며 전투력이 높다.

동료

시베리아 호랑이

- 크기: 3.3m
- 서식지: 남북미

호랑이 중에서도 가장 덩치가 크다. 몹시 추운 혹한 기후의 아무르 강(러시아와 중국 사이를 흐름.) 유역에 살아서 털이 길고 덥수룩하게 났다. 매일 밤, 장거리를 오가며 사냥감을 찾아다니며 때로는 말코손바닥사슴과 불곰처럼 초대형 동물을 사냥하기도 한다.

벵골호랑이

크기 3m

서식지 아시아

인도와 방글라데시에 걸쳐 있는 벵골 지방을 중심으로 분포한다. 사람을 자주 공격해 현지에서는 '사람 잡는 호랑이'로 불리며 공포의 대상으로 군림하고 있다.

수마트라호랑이

크기 1.8m

서식지 수마트라 섬

현존하는 호랑이 중에서 가장 몸집이 작다. 열대 정글에서 사슴이나 멧돼지 등을 주로 잡아먹는다. 헤엄치는 게 특기라 종종 강에서 헤엄친다.

생존을 위한 사투

무리 중에서 사냥하는 건 주로 암컷의 역할이다. 수컷은 무리를 지키기 위해 힘을 비축해 두었다가 다른 수컷이 나타나면 싸운다.

먹이를 잡기 위해

동물의 왕이 선보이는 공격은 무적!

검은꼬리누

검은꼬리누를 덮치다

사자가 강을 건너던 암컷 검은꼬리누를 공격했다. 검은꼬리누는 사자를 떼어 내려고 몸부림치지만 이렇게 물리면 절대로 벗어날 수가 없다.

먹이를 잡기 위해

하마

무리로 싸운다
암컷들이 덩치가 몇 배나 더 큰 하마를 사냥했다. 하지만 가장 먼저 먹는 건 우두머리 수컷이다.

먹이를 잡기 위해

아프리카코끼리

코끼리에게 쫓겨나다
지상 최대의 동물인 아프리카코끼리는 사자에겐 최강의 적이다. 코끼리를 공격하려다가 단숨에 쫓겨났다.

생존을 위한 사투

자손을 남기기 위해

갈기로 공격을 방어!

라이벌이 퍼붓는 공격

수컷 사자의 가장 큰 역할은 무리를 외부의 위협, 즉 하이에나 혹은 다른 무리에서 이탈한 수컷으로부터 자신의 암컷과 새끼를 지키는 것이다. 때로는 침입자와 목숨을 걸고 싸운다.

천적에게 입은 부상

사자가 졌다!

점박이하이에나

하이에나와의 전투
하이에나와의 싸움에서 진 젊은 암컷. 하이에나는 무리로 공격하기 때문에 단독 생활을 하는 젊은 사자라면 질 수도 있다.

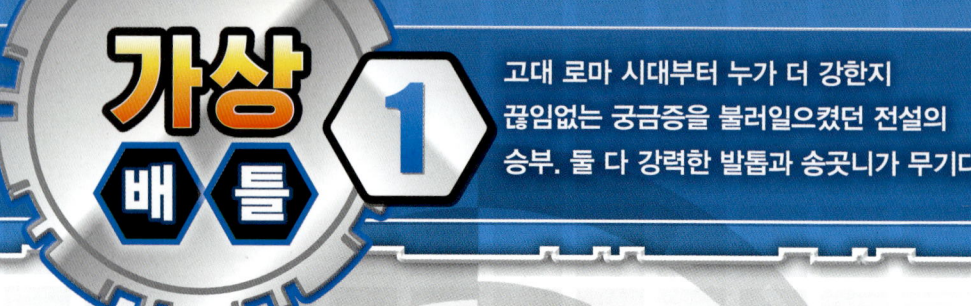

가상 배틀 1

고대 로마 시대부터 누가 더 강한지 끊임없는 궁금증을 불러일으켰던 전설의 승부. 둘 다 강력한 발톱과 송곳니가 무기다.

최강 대결

사자 ➡P10 VS **벵골호랑이** ➡P15

파워 / 수비력 / 스피드

나무 위에서 기척을 감추고 사자를 노리던 벵골호랑이!

가상배틀 2

털의 색만 다를 뿐 능력은 거의 비슷한 동물들의 대결. 이기는 건 갈색 점박이일까 아니면 검은색일까?

보호색 대결

표범 ➡P72 vs **검은표범** ➡P13

	표범	검은표범
파워		
수비력		
스피드		

1 어두운 숲에 몸을 숨기고 있던 검은표범이 표범을 습격합니다!

곰의 비밀

거대한 몸과 괴력을 소유한 파워 파이터.
달리는 속도도 빠르며 나무도 잘 타는 재주꾼이다!

방어

탄탄한 몸

체중이 꽤 나가고 두툼한 모피로 뒤덮여 있어 웬만해서는 상처를 입지 않는다.

불곰

크기 3m **서식지** 북미, 아시아, 유럽

주식은 식물이지만, 사슴을 사냥할 때도 있다. 강력한 앞발로 휘두르는 펀치와 물어뜯기 공격은 무시무시할 정도로 강력하다. 무엇이든 먹는 잡식 동물 중에서 세계 최대 크기다.

공격

강력한 턱
머리가 커서 입도 큰데, 무는 힘도 매우 세다.

공격

자유자재로 쓰는 앞발
뒷발로 일어설 수 있어서 앞발을 손처럼 쓴다.

동료

잡식성 동물이 많지만, 강인한 발톱과 송곳니의 무시무시한 위력은 육식 동물에게 지지 않는다.

대왕판다

- **크기** 1.5m
- **서식지** 중국

산속 깊은 곳에서 대나무와 죽순을 먹고 살지만, 몸집은 곰 그 자체다. 드물지만 간혹 사람을 공격하기도 한다.

힘 / 속도 / 기술 / 위험 / 방어

북극곰

크기 ▶ 3m   서식지 ▶ 북극권

곰 중에서는 유난히 육식 성향이 강하다. 바다표범이 주식으로 1년의 대부분을 빙하 위에서 생활한다. 헤엄을 잘 친다.

반달가슴곰

크기 ▶ 1.5m   서식지 ▶ 아시아

가슴에 반달처럼 생긴 새하얀 무늬가 있어 이런 이름이 붙었다. 주로 식물을 먹는 잡식성이지만 일본에서는 사람을 습격하는 사고가 매년 발생한다.

태양곰

크기 ▶ 1.5m   서식지 ▶ 동남아시아

곰 중에서 덩치가 가장 작으며 체형도 가는 편이다. 하지만 앞발의 긴 발톱으로 벌집이나 흰개미 집을 팍팍 부수어 먹는다.

생존을 위한 사투

완전히 성장한 불곰을 쓰러뜨릴 만한 동물은 없다. 호랑이도 싸우는 걸 피할 정도다. 거대한 수컷의 체중은 무려 500kg이 넘는다.

먹이를 잡기 위해

점프하는 연어를 공중에서 낚아챈다.

가만히 기다렸다가 잡다

연어는 불곰의 주요 식량이다. 가을부터 겨울까지 강을 거슬러 올라가는 연어를 기다렸다가 사냥해 먹을 것이 상대적으로 적은 겨울을 대비한다.

먹이를 잡기 위해

거대한 사슴과의 싸움에서 이겼다!

에조사슴

사슴을 먹다 — 홋카이도에서 수컷 에조사슴을 쓰러뜨린 불곰. 불곰에게 수컷 사슴은 만만치 않은 상대다. 때로는 사슴뿔에 받혀 다치기도 한다.

생존을 위한 사투

먹이를 잡기 위해 늑대에게 으르렁대다!

늑대를 쫓아내다
압도적인 덩치 차이 덕분에 늑대 무리에 둘러싸여도 쉽게 동요하지 않는다. 하지만 간혹 늑대에게 사냥한 먹이를 빼앗길 때도 있다.

자손을 남기기 위해

거대한 입을 벌려 송곳니를 서로 보여 준다.

수컷끼리의 다툼

초여름 짝짓기 철이 되면 암컷을 두고 싸우기도 한다. 앞발로 공격하기 위해 뒷발로 일어선 채 싸울 때가 많다.

가상 배틀 3

맹수들이 싸우면 둘 다 무사할 수가 없다. 과연 승리를 거머쥔 쪽은 힘의 불곰일까, 아니면 스피드의 호랑이일까?

헤비급 맹수 대결

불곰 → P24 **VS** **시베리아호랑이** → P14

| 파워 | 수비력 | 스피드 |

1 불곰을 발견한 호랑이가 공격합니다!

가상 배틀 4

중국의 산속에서 사는 진귀한 동물끼리의 대결. 둘 다 귀여운 외모로 인기를 끌고 있지만, 할 때는 한다!

중국 진기 동물 대결

대왕판다 ➡P26 **VS** **금빛원숭이**

	파워	수비력	스피드
대왕판다			
금빛원숭이			

①

엉켜 싸우는 금빛원숭이들을 덮치는 대왕판다!

고래·범고래의 비밀

물속을 자유롭게 헤엄치는 고래와 범고래를 몸집으로는 감히 대적할 동물이 없다.

스피드

강력한 지느러미

눈부신 속도로 먹잇감을 쫓아갈 수 있는 건 강력한 힘을 발휘하는 지느러미 덕이다.

초음파를 발사

머리의 공기 주머니에서 초음파를 발사해서 먹잇감이 어디 있는지 찾아낸다.

물어뜯는 이빨

거대한 입속에는 날카로운 이빨이 나 있어 한번 물리면 벗어날 수 없다.

범고래

크기 8m　**서식지** 전 세계 바다

포유류 중에서 가장 빠르게 헤엄칠 수 있다. 팀워크를 활용해 물고기나 펭귄, 바다표범, 심지어 같은 고래까지 습격해 사냥하는 바다 최강의 사냥꾼이다.

고래의 동료로는 이빨이 있는 이빨고래류와 이빨 대신에 고래수염으로 먹이를 여과시키는 수염고래류가 있다.

흰긴수염고래

크기 33.6m
서식지 전 세계 바다

지구에서 가장 큰 동물로 체중이 무려 200t에 달한다. 게다가 헤엄칠 때 빠르기도 포유류 중에선 최상위에 드는 최강 수염고래다. '대왕고래' '흰수염고래'라고도 불린다.

북태평양참고래

크기 18m **서식지** 북태평양

크고 둥근 입안에 길이가 3m나 되는 고래수염이 있다. 등지느러미가 없어 매끈해 보여 일본에서는 '세미쿠지라(등이 아름다운 고래)'라고도 불린다.

향유고래

크기 18m　서식지 전 세계 바다

이빨고래류 중에서 가장 커 수컷은 체중이 57t이나 나간다. 잠수력이 뛰어나 1시간이나 잠수할 수 있으며 최대 수심 3,000m까지 내려간 기록도 있다. 심해에서 대왕오징어 등을 잡아먹는다.

일각돌고래

크기 4.7m　서식지 북극해

뿔처럼 보이지만 사실은 오른쪽 앞니 1개가 길게 자란 것이다. 이것은 수컷에게만 있으며 수컷끼리 싸울 때 무기로 쓴다. 오징어가 주식이다.

생존을 위한 사투

범고래는 무리에 따라 사냥법이 다르다. 그래서 물고기만 먹는 무리와 고래만 먹는 무리로 나뉜다.

팀플레이로 물고기를 일망타진!

먹이를 잡기 위해

물고기 떼를 몰다

범고래는 무리로 물고기 떼를 한 곳으로 몬 뒤, 가장 많이 모여 있는 곳부터 차례대로 덮친다. 이렇게 하면 한 번에 많은 물고기를 잡아먹을 수 있다.

먹이를 잡기 위해

젠투펭귄

헤엄의 달인, 젠투펭귄도 도망치지 못한다!

물 위에서 펭귄을 잡다

젠투펭귄은 최대 182m까지 잠수하고 6분 이상 숨을 참을 수 있다. 게다가 새 중에서 가장 빠른 속도로 헤엄치는 수영 선수지만, 범고래한테는 당할 수 없다.

가상 배틀 5

물범 중에서 가장 덩치가 큰 남방코끼리물범은 덩치로만 보면 범고래와 대적할 만하다. 승부는 결투 장소가 육지냐, 바다냐에 따라 갈린다!

남극해 왕자 대결

범고래 ➡P36 **VS** **남방코끼리물범**

	파워	수비력	스피드

1 바닷속을 헤엄치는 남방코끼리물범을 범고래가 급습합니다!

독수리의 비밀

용맹한 맹금류를 대표하는 독수리. 두꺼우면서도 탄탄한 발로 먹잇감을 사냥한다.

공격

강력한 발톱

독수리의 발톱은 날카로울 뿐만 아니라 토끼를 목 졸라 죽이거나 염소를 낭떠러지에서 끌어올리거나 떨어뜨릴 만큼 악력도 세다.

공격

단단한 부리

굉장히 두꺼우면서도 끝이 직각으로 휘어져 있다. 이 부리로 먹잇감을 갈가리 찢어 먹는다.

검독수리

크기 89cm　**서식지** 북미, 아시아, 유럽, 아프리카

깊은 산속에 살면서 산토끼, 꿩, 산새, 뱀 따위를 잡아먹지만, 자기보다 무거운 여우를 사냥할 때도 있다. 별명이 '골든 이글(golden eagle)'이다.

공격

날개

긴 날개를 가졌는데 펼치면 면적도 꽤 넓다. 그 덕에 효율적으로 바람을 받을 수 있어 날갯짓을 거의 하지 않아도 잘 날 수 있다.

동료

독수리나 수리의 동료는 모두 육식성 맹금류다. 강력한 공격력을 지닌 사냥꾼들의 모임이다!

남미수리

| 크기 | 110cm |
| 서식지 | 중미, 남미 |

정글에서 서식하며 원숭이와 나무늘보 등을 잡아먹는 대형 독수리다. 머리에 부채처럼 생긴 긴 장식 털이 있는데 흥분하면 빳빳이 곤두선다.

필리핀독수리

| 크기 | 97cm | 서식지 | 필리핀 |

세계에서 가장 큰 독수리로 날개폭이 약 2m에 달하며 힘도 최강이다. 주로 원숭이를 잡아먹고 살아서 '원숭이잡이수리(monkey-eating eagle)'라는 별명도 있다. 필리핀의 국조이다.

참수리

크기 102cm　　**서식지** 동아시아

대단히 큰 부리가 특징으로, 일본에서 가장 큰 독수리다. 물고기가 주식이라 주로 물가에서 산다.

뱀잡이수리

크기 102cm

서식지 아프리카

긴 다리로 뱀을 밟은 뒤 잡아먹어 '뱀잡이수리'라는 이름을 얻었다. 걸어서 이동하기를 좋아해 날지 않고 하루 동안 20~30km를 이동하기도 한다.

생존을 위한 사투

한 쌍의 검독수리는 무려 60㎢에 달하는 넓은 영역을 지배하며 사냥한다. 침입자가 완전히 물러날 때까지 공격을 퍼붓는다.

자손을 남기기 위해

날개를 무기로 싸운다!

검독수리끼리의 싸움 영역을 침범한 적을 격렬히 위협하며 공중전을 벌인다. 그런데도 승부가 나지 않을 때는 지상에서 재차 싸움을 벌이기도 한다.

먹이를 잡기 위해

거대한 붉은여우를 잡았다!

여우를 사냥하다

검독수리는 주로 산토끼나 야생 닭을 사냥할 때가 많다. 하지만 때때로 붉은여우처럼 자기보다 큰 동물을 잡기도 한다.

왕도마뱀의 비밀

탄탄한 다리를 지닌 대형 도마뱀. 여기에 속하는 도마뱀들은 모두 따뜻한 지역에 서식하며 육식성이 매우 강하다.

방어

두껍고 긴 꼬리

꼬리는 몸과 비슷한 길이이며, 굉장히 힘이 세다. 꼬리로 공격하는 경우는 드물지만, 귀찮은 천적을 쫓아낼 때는 종종 쓴다.

코모도왕도마뱀

크기 3.1m **서식지** 인도네시아

코모도 섬에서 사는 세계 최대 도마뱀. 사슴이나 멧돼지 같은 포유류를 주로 잡아먹는다. '코모도드래곤'으로도 불린다.

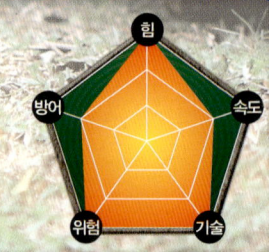

공격

독을 뿜는 송곳니

송곳니에서 독이 흘러나와서 물린 상대는 작은 상처만 입어도 죽을 수 있다.

공격

날카로운 발톱

앞발의 발가락은 꽤나 길고 유연하게 움직일 수 있다. 게다가 거대하고 날카로운 발톱이 나 있어서 한번 잡은 먹잇감은 절대 놓치지 않는다.

동료

여기에 속하는 동물은 도마뱀 중에서도 몸집이 큰 것들이다. 이 중에서 가장 작은 종조차 20cm가 넘는다.

물왕도마뱀

크기 2.5m **서식지** 아시아

숲 속의 물 근처에서 서식하며 헤엄을 잘 치는 왕도마뱀이다. 쥐나 도마뱀뿐만 아니라 물에 사는 물고기와 새우, 게도 잡아먹는다.

레이스왕도마뱀

크기 2m **서식지** 호주

숲에 살며 나무를 잘 탄다. 나무 위에서 새나 도마뱀 등을 잡아먹거나 땅에서 잡은 먹잇감을 나무 위로 끌고 올라와 먹을 때도 있다. 몸에 난 레이스 무늬가 특징이다.

뉴기니왕도마뱀

| 크기 | 3.2m |
| 서식지 | 뉴기니 |

코모도왕도마뱀과 비교하면 꼬리가 굉장히 길어서 세계에서 가장 몸이 긴 도마뱀으로 알려져 있다. 열대 정글에서 곤충 등을 먹고산다.

벵골왕도마뱀

인도와 방글라데시를 걸치는 벵골 지역에서 서식하며 곤충이나 죽은 동물 등을 먹는다. 나무를 잘 타서, 때로는 박쥐를 잡기도 한다.

| 크기 | 1.7m |
| 서식지 | 아시아 |

생존을 위한 사투

헤엄에 능하고 나무 타기도 잘하며, 발도 제법 빠르다. 게다가 후각이 예민하고 독까지 가지고 있어 일단 한번 잡히면 도망치기가 어렵다.

수컷끼리의 싸움은 씨름으로 결정!

자손을 남기기 위해

수컷끼리의 싸움

짝짓기 시기가 되면 수컷들은 암컷을 놓고 처절한 싸움을 벌인다. 뒷발로 일어서서 씨름하는 것처럼 서로 뒤엉키는 모습이 박력 넘친다.

먹이를 잡기 위해

사냥한 사슴

사슴을 먹다

코모도왕도마뱀은 보기보다 발이 빠르다. 주로 죽은 동물을 먹지만, 스스로 쫓아가 먹잇감을 잡기도 하는 뛰어난 사냥꾼이다.

비단뱀의 비밀

땅 위를 기어 다니는 튼실하면서도 긴 몸을 지닌 뱀이다. 특기는 상대를 둘둘 휘감아 숨통을 조여 버리는 공격이다.

방어

비늘로 뒤덮인 피부

먹이를 삼킬 때는 비늘 밑 피부가 부드럽게 벌어지지만, 비늘 자체는 딱딱해서 천적의 공격으로부터 몸을 보호해 준다.

그물무늬비단뱀

크기 10m　**서식지** 아시아

뱀뿐만 아니라 모든 파충류 중 가장 몸이 길다. 대형 비단뱀은 소도 한입에 삼켜 버리며 사람을 잡아먹은 기록도 있다.

공격

커다랗게 벌린 입

위턱과 아래턱은 긴뼈로 연결되어 있으며 아래턱을 양옆으로 넓게 벌릴 수가 있다. 그 덕분에 위아래, 양옆으로 입을 넓게 벌려 큰 먹이를 집어삼킬 수 있다.

공격

근육질의 두툼한 몸

비단뱀의 주특기는 조르기이다. 먹잇감을 감싼 뒤 꽉꽉 힘을 주기만 하면 얼마 안 가 숨이 끊어지고 만다.

비단뱀의 동료는 뱀 중에서도 몸집이 큰 종류가 많으나 독은 없다. 영어로는 파이선(Python)이라고 한다.

인도왕뱀

| 크기 | 7m | 서식지 | 아시아 |

인도의 물가 주위에서 많이 살고 있다. 수면 위를 헤엄치면서 이동할 때도 있다. 새나 도마뱀 등 무엇이든지 잡아먹으며 원숭이나 사람을 습격할 때도 있다.

아프리카비단구렁이

숲이나 초원에 있는 물가에서 서식한다. 아프리카에서 가장 큰 뱀이다. 몸집이 큰 것은 임팔라나 멧돼지 외에도 악어나 사람도 잡아먹는다.

| 크기 | 6m | 서식지 | 아프리카 |

볼비단구렁이

크기 1.8m

서식지 아프리카

머리를 몸에 끼워 넣고 공처럼 몸을 둥글게 말아 방어 자세를 취하는 모습 때문에 이런 이름이 붙었다. 주로 쥐를 잡아먹는다. 별명은 '볼 파이선(Ball python)'이다.

초록나무비단뱀

크기 2m

서식지 인도네시아, 파푸아 뉴기니, 호주

비단뱀 중에서도 굉장히 진귀한 뱀으로, 거의 나무에서 내려오지 않는다. 나뭇가지에서 가지로 이동하며 새나 도마뱀 등을 잡아먹는다. 별명은 '그린 파이선(Green python)'이다.

생존을 위한 사투

그물무늬비단뱀은 가끔 사냥한다. 먹잇감을 삼킨 뒤에는 몸이 무거워서 움직임이 둔해지므로 안전한 장소에서 휴식을 취한다.

먹이를 잡기 위해

입을 크게 벌린다.

먹잇감을 둘둘 휘감으면서 잡아먹는다!

휘감아서 질식사시키다
커다란 먹잇감을 먹을 때는 먹잇감이 반항하지 못하도록 먼저 온몸을 둘둘 휘감은 뒤 질식시킨다. 그 뒤에 천천히 온몸을 집어삼킨다.

진화를 거듭한 몸

배가 크게 부풀어 있다.

먹은 뒤에는 휴식

먹고 나면 배가 불룩하다
뱀은 먹잇감을 통째로 삼키는 탓에 소화하는 데 시간이 걸린다. 거대한 먹잇감은 일주일 이상 걸리기도 하지만 뼈와 털까지 완벽히 소화한다.

가상 배틀 9

그물무늬비단뱀의 체중은 100kg. 체중이 6,000kg이나 나가는 아시아코끼리를 과연 이길 수 있을까?

휘어 감기 대결

그물무늬비단뱀 ➡P62 **VS 아시아코끼리**

파워 / 수비력 / 스피드

1

아기 코끼리에게 접근하는 그물무늬비단뱀을 엄마 코끼리가 발로 밟습니다!

특선 파워 파이터

여기에서는 동물 분류에 상관없이 힘이 센 동물들을 소개한다. 최강의 파워 파이터는 과연 누구일까!

방어

거대하고 무거운 몸

무게가 많이 나가는 동물은 그만큼 힘도 세다. 다 자란 아프리카코끼리를 쓰러뜨릴 수 있는 동물은 이 세상에 없다.

아프리카코끼리

크기 7.5m　**서식지** 아프리카

세계 최대의 육상 동물. 체중은 최대 10t이나 나간다. 물론 그만큼 힘도 어마어마해서 코뿔소나 하마 정도는 쉽게 쓰러뜨린다.

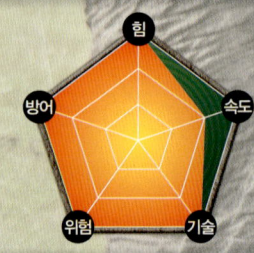

공격

긴 송곳니(상아)

코끼리의 송곳니는 두 개의 앞니가 길게 자란 것으로 최대 3.5m나 된다. 이는 싸울 때 무기가 될 뿐만 아니라 구멍을 파는 데도 유용하다.

공격

긴 코

긴 코는 사람의 손처럼 섬세한 동작을 할 수 있다. 그리고 나무를 잡아 뽑을 수 있을 만큼 힘도 세다.

동료

파워 파이터라고 부를 만한 동물은 하나같이 몸집이 크고 힘이 세다. 뛰어난 힘으로 어떤 적이든 물리친다.

바다코끼리

크기 3.2m　**서식지** 북극해 주변

피부가 딱딱하고 털은 거의 없다. 긴 송곳니로 바다 밑을 파헤치며 조개 등을 파먹을 뿐만 아니라 바다표범이나 돌고래 등을 잡기도 한다.

표범

나무도 잘 타고 헤엄치기와 점프에도 뛰어난 만능 재주꾼. 강한 턱을 이용하여 자기보다 10배나 무거운 자이언트일런드영양(→P161)이라는 솟과 동물을 사냥하기도 한다.

크기 1.8m

서식지 아시아, 아프리카

나일악어

크기 5.5m　**서식지** 아프리카

나일 강 유역에 사는 아프리카 최대 크기의 악어다. 몸집이 큰 개체는 물을 마시러 온 얼룩말이나 물소처럼 큰 포유류도 잡아먹는다.

서부고릴라

유인원 중 가장 큰 종으로 주로 나뭇잎이나 과일을 먹는 초식성이다. 하지만 힘이 굉장히 센 데다가 포유류 최강의 완력을 가졌기 때문에 괜히 건드렸다가는 목숨을 부지하기 어렵다.

| 크기 | 1.8m | 서식지 | 아프리카 |

점박이하이에나

튼튼한 이빨과 강한 턱 힘으로 대형 동물의 뼈도 부수어 뼈째 먹는다. 사냥의 달인으로 치타가 잡은 먹이를 빼앗기도 한다.

| 크기 | 1.8m | 서식지 | 아프리카 |

하마

낮에는 물에서 쉬고, 밤이 되면 물 밖으로 나와 풀을 뜯어먹는다. 평생 자라는 이빨이 12개나 있으며 거대한 입을 벌려 이빨을 보여 주어 적을 겁준 뒤 쫓아내 버린다.

| 크기 | 5m | 서식지 | 아프리카 |

가상배틀

서아프리카 숲에서 코끼리와 고릴라가 만났다. 힘이라면 남부럽지 않은 둘의 대결은 승부를 지켜보는 것만으로도 흥미진진하다!

밀림의 왕자 대결

아프리카코끼리 ➡P70 VS **서부고릴라** ➡P74

| 파워 | | | 수비력 | | | 스피드 | | |

1

고릴라가 나무 위에서 점프해 코끼리를 덮칩니다!

가상 배틀 11

몸 크기만 보면 버펄로가 유리하지만, 점박이하이에나는 뼈도 부수는 강력한 이빨과 턱을 가졌다.

턱과 뿔의 대결

점박이하이에나 ➡P75

VS

버펄로 ➡P160

점박이하이에나		버펄로
파워		파워
수비력		수비력
스피드		스피드

①

하이에나 떼가 버펄로를 둘러쌉니다.

천하장사 동물 랭킹

1위 고래

힘이 센 동물 1위로 몸집이 가장 거대한 고래가 뽑혔다. 그중에서도 흰긴수염고래는 몸무게만 200t이 넘는 거구인 데다가 시속 50km 속도로 헤엄칠 수 있기에 크기가 작은 고래잡이배 정도는 쉽게 뒤집을 만한 힘이 있다.

동물의 진화 방향을 살펴보면 큰 몸집과 그 몸에서 나오는 힘으로 천적의 공격을 막을 수 있도록 진화한 예가 많다. 여기서는 최대급 파워를 지닌 자랑스러운 동물들을 소개한다.

2위 코끼리

지상에서 가장 큰 동물인 수컷 아프리카코끼리는 체중이 최대 10t이나 나간다. 게다가 성격도 난폭해서 사람의 집을 부수거나 자동차를 밟아 박살 내는 등 사고를 치기도 한다.

3위 코뿔소

수컷 흰코뿔소는 체중이 4t에 달한다. 튼튼한 뼈와 시속 50km의 속도에서 나오는 돌진력은 가히 세계 최고다. 뿔로 들어 올리는 힘도 굉장하다.

번외편 이 동물도 대단해!

고릴라

고릴라도 힘은 세지만 체중이 200kg밖에 나가지 않아서 최대 크기 동물에 끼기엔 다소 부족했다. 하지만 한 손으로 나무에 매달릴 수 있을 만큼 악력이 센데, 악력이 무려 500kg 이상이라고 한다.

동물이란 무엇일까?

이 책에서 '동물'이라 불리는 생물들을 설명한다.

가장 넓은 의미의 동물은 식물(풀과 나무)과 균(버섯과 곰팡이) 등을 제외한 '움직이는 생물'을 말한다. 여기에는 곤충과 짚신벌레 같은 종류도 포함되어 있다. 거꾸로 가장 좁은 의미의 동물은 엄마의 젖을 먹고 자란 포유류를 말한다. 동물도감에서는 대체로 포유류만 수록한 경우가 많다. 그렇다면 이 책에서 말하는 동물은 무엇일까? 척추를 지닌 척추동물 중에서 주로 육지에서 사는 포유류, 조류, 파충류를 다루고 있다. 이는 동물원에 있는 동물을 떠올리면 이해하기 쉬울 것이다. 아래에 정리해 놓았으니 잘 살펴보길 바란다.

넓은 의미의 동물

- 움직이는 생물을 모두 포함한다
- 지렁이, 달팽이 등

이 책에서 다루는 동물

- 주로 육지에서 사는 척추동물
- 포유류, 조류, 파충류

좁은 의미의 동물

- 엄마의 젖을 먹고 자란 포유류
- 원숭이, 사슴, 곰 등

스피드 타입

달리거나 날거나 헤엄치는 등,
빠른 속도로 이동할 수 있는 능력은 무기다.
여기에서는 스피드를 살려
적을 따돌리는 동물을 소개한다.

늑대의 비밀

늑대의 사냥 스타일은 추적형이다. 집요하게 쫓아다니면서 먹잇감이 지칠 때를 노린다.

스피드

장시간 달릴 수 있는 발과 스태미나

늑대의 발은 발톱이 작아서 공격에 쓰기에는 적당하지 않지만, 달릴 때는 꽤 유용하다. 또한, 지구력이 좋아서 오랫동안 추적할 수 있다.

공격

예리한 후각

늑대는 육식 동물 중에서도 최상위에 들 정도로 후각이 발달했다. 일단 냄새로 사냥감을 찾으면 끝까지 쫓아가 숨통을 끊어 버린다.

공격

사냥감의 숨통을 끊는 이빨

늑대의 공격 수단은 송곳니를 사용한 물어뜯기다. 송곳니가 제대로 발달해 있어, 한 번 물리면 결코 빠져나올 수 없다.

회색늑대(말승냥이)

크기 1.5m　**서식지** 북미, 아시아, 유럽

늑대 중에서 가장 몸집이 크다. 한 쌍의 짝을 중심으로 무리를 지어 살며, 조직력을 살린 공격으로 사슴이나 토끼를 사냥한다.

동료

늑대와 비슷한 종 중에는 무리로 사는 것이 많다. 힘을 합쳐 협력해서 자신보다 큰 사냥감도 너끈히 잡을 수 있다.

아프리카들개

크기 1.1m

서식지 아프리카

초원 지대에서 살며, 큰 무리를 이루는 경우가 많다. 늑대 중에서도 지구력이 가장 좋아 토끼, 가젤, 누 같은 사냥감을 오랫동안 쫓아가다가 마침내 사로잡는다. 다른 이름인 '리카온'은 그리스어로 '늑대를 닮은 것'이라는 뜻이다.

코요테

| 크기 | 1m | 서식지 | 북미, 중미 |

한 쌍의 짝을 중심으로 무리를 이루며, 쥐나 토끼, 프레리도그 등을 사냥한다. 코요테는 '노래하는 개'라는 뜻인데, 이름처럼 종종 하울링을 한다.

검은등자칼

| 크기 | 90cm | 서식지 | 아프리카 |

초원 지대에서 무리를 이루며 산다. 주로 과일이나 곤충, 죽은 동물의 사체 등을 먹지만 가젤을 사냥하기도 한다. 체모는 갈색이지만, 등은 새카맣다.

갈기늑대

| 크기 | 1.3m | 서식지 | 남미 |

다리가 굉장히 길어서 시속 90km까지 달릴 수 있다. 뒷머리부터 등 쪽으로 검은 갈기처럼 보이는 털이 나 있는데, 흥분하면 바짝 곤두선다.

생존을 위한 사투

늑대의 삶은 투쟁의 연속이다. 그 때문에 어렸을 때부터 뒹굴며 싸우면서 힘을 기른다.

먹이를 잡기 위해

유럽들소는 거대한 사냥감이다!

들소를 잡다 유럽들소는 늑대보다 10배 이상 체중이 나간다. 1대 1로는 상대가 안 되지만, 늑대들이 떼로 협공하면 사냥할 수 있다.

자손을 남기기 위해

다른 수컷과의 싸움 — 무리를 빼앗을 가능성이 있는 홀로 다니는 수컷 늑대는 어떤 의미에선 최대의 적이다. 상대가 영역을 침범하면 있는 힘을 다해 싸워 물리친다.

가상 배틀 12

대형 족제빗과에 속하는 울버린은 늑대 무리와도 맞서 싸울 만큼 겁이 없는 맹수다.

시베리아의 숲 속 대결

회색늑대 ➡ P84

VS

울버린 ➡ P176

파워				
수비력				
스피드				

파워				
수비력				
스피드				

①

순록을 사냥한 늑대 무리가 열심히 고기를 뜯고 있습니다!

임팔라의 비밀

날씬한 몸매로 점프하는 게 특기다. 꽤 많은 수가 무리를 지어 다니지만, 워낙 발이 빨라 잡기 어렵다.

🛡 방어

뿔뿔이 흩어져 달아난다
임팔라 떼는 사자 같은 천적에게 공격을 받으면 각각 다른 방향으로 점프하면서 도망쳐 혼란을 주기 때문에 쉽게 잡히지 않는다.

⏪ 스피드

강력한 뒷발
임팔라는 점프력이 굉장히 좋은 것으로 유명하다. 점프력을 살려 주는 것이 바로 뒷발이다. 평소에도 꽤 빨리 달리는데, 시속 60km의 속도를 낸다.

임팔라
크기 1.5m　**서식지** 아프리카

초원 지대나 키가 작은 나무숲에서 풀이나 나뭇잎을 먹고, 하루에 1번씩 물을 마신다. 건조기에는 암수 100여 마리가 대집단을 이룰 때도 있다.

공격

하프처럼 생긴 뿔

수컷에게는 크고 구부러진 뿔이 있는데, 지금까지 알려진 것 중 가장 긴 뿔은 무려 70cm나 된다. 수컷끼리 싸울 때 쓰는 무기로, 싸움에 이긴 수컷은 암컷 여러 마리를 독점한다.

동료

영양이라 불리는 소목 솟과에 속하는 이들은 종류에 따라 다른 특징이 있는 뿔을 지닌다. 대부분은 수컷, 암컷 모두에게 뿔이 있다.

검은꼬리누

| 크기 | 2.4m | 서식지 | 아프리카 |

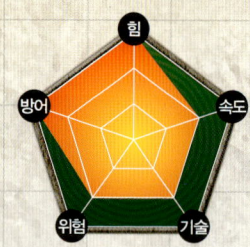

초원 지대에서 풀을 먹고 살지만, 건기가 되면 물과 풀을 찾아 몇 만 마리가 일제히 최대 1,500km나 떨어진 곳으로 이동한다. 꼬리가 검고 '누'라고 울어서 이런 이름이 붙었다.

기린영양

| 크기 | 1.6m | 서식지 | 아프리카 |

높은 가지에 달린 나뭇잎은 뒷발로 일어나서 먹는다. 목이 길어서 소말리어로 '기린 목'이라는 뜻의 '게레눅'이라는 이름이 붙었다.

톰슨가젤

| 크기 | 1.1m | 서식지 | 아프리카 |

몸집이 작아 육식 동물들에게 쉽게 잡아먹힐 것 같지만, 아주 빠른 데다가 점프도 잘한다. 그 덕에 아프리카 초원 지대에 사는 초식 동물 중 가장 많은 수를 차지할 정도로 번성했다.

아라비아오릭스

| 크기 | 1.5m |
| 서식지 | 아시아 |

뿔은 최대 70cm에 달하는 것도 있다.

수컷과 암컷 모두 길게 쭉 뻗은 뿔이 나 있다. 이 뿔을 옆에서 보면 마치 1개처럼 보이는 데다가 몸이 하얘서 유니콘의 모델이 됐다는 설도 있다.

생존을 위한 사투

임팔라한테는 육식 동물에게서 몸을 보호하는 것이 가장 주된 전투다. 하지만 짝짓기 시기에는 수컷끼리 격렬한 싸움을 벌인다.

몸을 지키기 위해

동료 머리 위를 뛰어넘다!

위협적인 점프력
임팔라는 점프를 잘하는데, 도망칠 때도 이리저리 껑충껑충 뛰어다닌다. 도약할 때 무려 3m 높이에 최대 11m 거리를 뛸 수 있다.

천적에게 입은 부상

아프리카들개

약한 개체는 잡아먹힌다!

아프리카들개에게 잡아먹히다

아직 뿔이 다 자라지 않은 젊은 수컷이 아프리카들개에게 잡히고 말았다. 사냥꾼들은 늘 잡기 쉬운 약한 개체를 노리고 있다.

생존을 위한 사투

강한 자만이 암컷을 차지할 수 있다!

자손을 남기기 위해

수컷끼리의 싸움
짝짓기 시기가 되면 한 마리의 수컷이 여러 마리의 암컷과 신방을 차리는 하렘이 만들어진다. 뿔을 서로 부딪쳐 싸워 이긴 수컷만이 후손을 남길 수 있다.

진화를 거듭한 몸

뿔을 버리고 다리에 모든 것을 걸었다!

암컷은 뿔이 없다
솟과에 속하는 종들은 대부분 수컷, 암컷 할 것 없이 뿔이 있지만, 암컷 임팔라는 뿔이 없다. 하지만 무거운 뿔을 버린 덕분에 몸이 가벼워 더 빨리 뛸 수 있다.

얼룩말의 비밀

얼룩말의 특기는 뒷발차기. 물론 달리기도 잘한다.

공격

앞니로 물어뜯다

얼룩말에게는 송곳니가 없지만, 종일 풀을 씹고 있어서 씹는 힘이 세다. 수컷끼리 싸울 때나 육식 동물을 반격할 때 앞니로 물 때가 있다.

스피드

한 개밖에 없는 발가락

얼룩말의 발은 네 개지만 각각 발가락은 한 개밖에 없다. 더욱 빨리 달릴 수 있도록 발가락 수가 줄어드는 방향으로 진화되었다.

사바나얼룩말

크기 2.8m   **서식지** 아프리카

초원에서 가장 수가 많은 얼룩말. 도망갈 때는 무려 시속 65km로 지그재그로 달리는데, 성질이 난폭해 육식 동물에게 반격하며 물어뜯기도 한다.

뒷발차기

초원을 내달리는 뒷발의 힘은 매우 세다. 딱딱한 발톱 킥을 맞으면 사자도 치명상을 입을 수 있다.

공격

동료

얼룩말은 말이나 당나귀의 동료다. 그들은 모두 발이 빠르고 발가락이 한 개밖에 없다. 이처럼 이들의 몸은 초원을 달리는 데 적합하게 만들어졌다.

프셰발스키

크기 ▶ 2.6m   서식지 ▶ 아시아

몽골 초원 지대에서 무리를 이루며 사는 야생마. 짝짓기 시기가 되면 무리를 빼앗으려는 새로운 수컷이 나타나므로, 무리를 이끄는 수컷은 목숨을 걸고 자리를 지킨다.

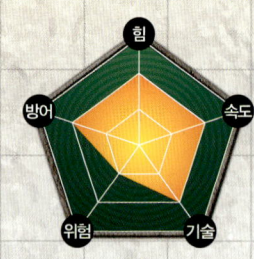

아프리카야생당나귀

크기 ▶ 2m   서식지 ▶ 아프리카

아프리카 초원 등지에서 서식하는 야생당나귀. 야생말 중에서 가장 덩치가 작다. 얼룩말과 비슷한 줄무늬가 다리에만 있는 것도 있다.

그레비얼룩말

얼룩말 중에서 가장 덩치가 크다. 줄무늬의 폭이 좁아서 모양이 상당히 아름답다. 1882년에 프랑스 사람이 발견했는데 에티오피아 국왕이 당시 프랑스 대통령이었던 J.그레비에게 선물한 일화에서 이름을 땄다고 한다.

| 크기 | 3m | 서식지 | 아프리카 |

마운틴얼룩말

| 크기 | 2.6m | 서식지 | 아프리카 |

이름대로 산에서 살며 풀이나 나뭇잎을 먹는다. 얼룩말 중에서 유일하게 목 밑에 작은 살덩이가 있는 게 특징이지만, 어떤 역할을 하는지는 아직 알려지지 않았다.

생존을 위한 사투

얼룩말은 의외로 성질이 난폭하다. 게다가 체중이 300kg을 넘기 때문에 상당히 위험한 동물이다.

자손을 남기기 위해

격렬하게 싸운다!

수컷끼리의 싸움

얼룩말 사회는 일부다처제다. 수컷끼리 싸워서 이긴 쪽만이 수많은 암컷과 짝짓기할 수 있다. 그래서 수컷끼리의 싸움은 상당히 격렬하다.

몸을 지키기 위해

검은꼬리누

검은꼬리누와 함께 행동하다

많은 개체가 모여 있어서 사자 같은 천적을 쉽게 발견할 수 있으며, 도망칠 때도 자신이 표적이 될 위험이 줄어든다.

캥거루의 비밀

배에 있는 주머니에서 새끼를 키우는 동물을 유대류라고 하는데, 캥거루는 그중에서 가장 몸집이 크다. 서둘러야 할 때는 뒷발로 점프하면서 이동한다.

공격

앞발로 펀치

수컷끼리 싸울 때는 앞발로 상대를 때리거나 붙잡거나 끌어당기는 등 격렬한 공격을 퍼붓는다.

붉은캥거루

크기 1.6m　**서식지** 호주

캥거루 중에서 몸집이 가장 커서, 허리를 펴면 키가 2m가 넘는다. 위험하다고 생각하면 인간도 공격한다. 먹이는 풀과 나뭇잎이다.

공격

꼬리로 몸을 받치고 킥!

길고 두꺼운 꼬리로 몸을 지탱한 다음, 뒷발을 모아 앞으로 찰 때가 있다. 꼬리는 이동할 때에도 몸을 지탱하는 역할을 한다.

스피드

거대한 뒷다리로 점프

붉은캥거루가 달릴 때는 뒷발을 모은 뒤 점프하는데 1초에 9m나 뛸 수 있다.

동료

여기서는 배에 주머니가 있는 유대류 중에서도 캥거루와 가까운 동물을 소개한다.

굿펠로우나무타기캥거루

크기 62cm **서식지** 뉴기니

발톱이 길어서 나무를 잘 타며 나무에서 나무로 점프도 한다. 하지만 땅에서 사는 다른 캥거루처럼 빨리 달리지는 못한다.

파르마숲왈라비

크기 53cm **서식지** 호주

관목 숲 지대에서 산다. 점프력은 좋지만, 장거리를 이동하는 경우는 별로 없다. 왈라비는 작은 캥거루를 말하는데 호주 원주민들이 '파르마'라고 부르던 데서 이름이 유래됐다.

코알라

거의 움직이지 않고 일정한 구역의 숲에서만 살아간다. 온종일 자며 깨어 있을 때도 거의 움직이지 않는다. 하지만 손아귀 힘이 세고 발톱도 날카롭다. 짝짓기 시기가 되면 공격적으로 변하기도 한다.

| 크기 | 78cm |
| 서식지 | 호주 |

슈가글라이더

앞발과 뒷발 사이에 피막이 있어, 이것을 넓게 펴서 날다람쥐처럼 나무와 나무 사이를 활공할 수 있다. 다람쥐의 일종인 날다람쥐와는 다르며, 곤충이나 수액 등을 먹는다.

피막은 평소에 접혀 있다.

| 크기 | 21cm |
| 서식지 | 뉴기니, 호주, 태즈메이니아 |

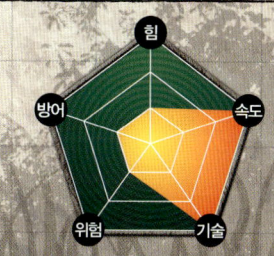

생존을 위한 사투

몸집이 크고 강력한 점프력을 지닌 붉은캥거루. 유대류 최강이라는 칭호는 누구에게도 양보할 수 없다.

머리를 피해 펀치를 막다

자손을 남기기 위해

수컷끼리의 싸움

수컷 캥거루끼리는 킥복싱 스타일로 싸운다. 앞발로는 펀치를, 뒷발로는 킥을 날리며 격한 공방을 주고받는다.

진화를 거듭한 몸

양다리를 가지런히 모으고 펄쩍펄쩍 뛴다!

급할 때는 완전한 이족 보행
천천히 이동할 때는 앞발과 꼬리를 땅에 대고 걷지만, 전력 질주를 할 때는 두 발로만 점프하면서 달린다.

가상 배틀 16

호주 사막에는 야생화된 단봉낙타가 있다. 호주의 최강자는 과연 누굴까?

모자가 함께 공격

붉은캥거루 → P112 **VS** **단봉낙타**

| 파워 | 수비력 | 스피드 |

① 새끼가 있는 캥거루가 낙타에게 앞발 차기를 합니다!

몽구스의 비밀

몸이 가늘고 길며 다리는 짧은 육식 동물이다. 대부분 몸집이 작지만 스피드를 살린 공격이 특기다.

스피드

재빠른 움직임

몽구스는 굉장히 재빠르다. 가까운 거리에서 공격을 받아도 엄청난 반응 속도로 피한다.

몽구스

크기 45cm **서식지** 아프리카

초원의 암석 지대나 덤불에서 곤충이나 쥐 등을 잡아먹는 사냥꾼. 무리를 지어 살며, 힘을 합쳐 천적을 쫓아내는 팀플레이를 한다.

공격

날카로운 송곳니

몽구스의 최대 무기는 강력한 송곳니다. 천적의 공격을 종이 한 장 차이로 피하면서 바로 상대의 급소를 물어 버린다. 역공이 주특기다.

방어

독에 내성이 있다

몽구스는 코브라 같은 뱀이 가진 독에 내성이 있다. 설령 물린다고 해도 소량의 독 정도는 쉬면서 중화시켜 버린다.

동료

여기에서 소개할 몽구스의 동료는 가늘고 긴 몸에 짧은 다리, 긴 꼬리를 지닌 원시적인 체형의 육식 동물이다.

작은아시아몽구스

크기 37cm　**서식지** 아시아

숲이나 사막 등의 다양한 환경에서 서식하며 쥐나 도마뱀 등을 잡아먹는다. 일본 오키나와에서는 반시뱀의 수를 줄이기 위해 들여온 것이 야생화됐다고 한다.

미어캣

초원에서 서식하며 재빠른 동작으로 전갈이나 지네처럼 독이 있는 생물을 잡아먹는다. 무리로 생활하는데 자기 새끼가 아니더라도 사냥술을 가르쳐 준다.

크기 35cm

서식지 아프리카

포사

| 크기 | 80cm |

| 서식지 | 마다가스카르 |

마다가스카르에서 서식하는 동물 중 몸집이 가장 큰 육식 포유류. 가볍게 나무에서 나무로 넘어 다니며 여우원숭이, 호로새, 개구리 등을 잡아먹는 뛰어난 사냥꾼이다.

빈투롱

열대 지역의 숲에서 과일을 먹고산다. 빈투롱은 말레이시아어로 '곰고양이'라는 뜻이다. 길고 두꺼운 꼬리를 나뭇가지에 걸고 매달릴 수 있다.

| 크기 | 95cm |

| 서식지 | 아시아 |

생존을 위한 사투

몽구스는 싸울 때 주로 스피드를 살린다. 위험한 생물을 상대할 때에도 적보다 빨리 움직일 수 있으니 문제없다.

먹이를 잡기 위해

눈 깜짝할 새에 개구리를 잡았다!

개구리를 잡다

풀 위를 폴짝폴짝 뛰어오르는 개구리를 발견하면 재빨리 다가가 개구리가 도망칠 틈도 없이 단숨에 덮친다.

무리를 지어 싸우다

검은등자칼과 우연히 마주친 몽구스들. 하지만 다 함께 대항하면 자칼도 쫓아낼 수 있다.

검은등자칼

몸을 지키기 위해

천적에게 입은 부상

표범에게 잡히다

슬며시 다가온 표범에게 잡히고 말았다. 이렇게 잡히면 더는 도망갈 수가 없다.

매의 비밀

매는 최고 속도로 나는 새이다. 급강하할 때는 무려 시속 390km에 달하는 무시무시한 위력을 발휘한다.

스피드

공기 저항이 적은 몸

사냥감을 발견해 속도를 낼 때는 날개를 접은 뒤 포탄 비슷한 모습으로 급강하한다.

공격

뛰어난 시력

매는 하늘에서 먹잇감을 찾는데, 워낙 시력이 뛰어나 멀리서도 먹잇감의 움직임을 포착할 수 있다.

공격

날카로운 발톱

매의 주요 무기는 바로 발톱이다. 날개로 균형을 잡으며, 사냥감의 급소에 내리꽂는다.

매

크기 51cm　**서식지** 남극 대륙 이외의 모든 대륙

주로 물가에 나타나는데, 하늘을 나는 새를 잡아먹는다. 자기보다 훨씬 무거운 기러기 같은 새도 잡을 수 있을 만큼 힘이 세다.

동료

매의 동료는 독수리나 수리와는 다른 집단의 맹금류다. 하지만 전부 매처럼 빨리 날 수 있는 건 아니다.

흰매

- **크기** 59cm
- **서식지** 유럽, 아시아, 북미

북극권 주위 숲에서 서식하며 새나 쥐 등을 먹고산다. 먹잇감을 지상에서 잡을 때가 많다.

힘 / 속도 / 기술 / 위험 / 방어

황조롱이

다양한 환경에서 쥐나 작은 새를 잡아먹는 사냥꾼. 하늘에서 날개를 활짝 편 뒤 정지하는 호버링(hovering) 자세를 취하다가 급강하하여 먹잇감을 잡을 때가 많다.

- **크기** 33cm
- **서식지** 아프리카, 유럽, 아시아

힘 / 속도 / 기술 / 위험 / 방어

뱀매

나뭇가지 위에서 기다리다가 급강하하여 주로 뱀을 잡는다. 경계 자세를 취할 때 "깔깔" 하고 웃는 듯한 소리를 내 '웃는 매'라고도 불린다.

| 크기 | 52cm |
| 서식지 | 중미, 남미 |

깔깔

남부카라카라

초원 등지를 걸어 다니며 동물의 사체를 먹는다. 사냥 기술이 좋은 편이 아니라 다른 새가 잡은 것을 빼앗아 먹을 때도 있다. "까악, 까악!" 하고 까마귀처럼 운다.

| 크기 | 60cm |
| 서식지 | 남미 |

까악까악

생존을 위한 사투

매가 대단한 건 놀라운 속도뿐만이 아니다. 하늘에서 사냥하기 위한 회전 기술도 굉장히 뛰어나다.

진화를 거듭한 몸

매는 체격만 보고는 짐작할 수 없는 높은 전투력을 지녔다!

까마귀와 공중전 까마귀도 꽤 강한 새지만 매는 까마귀 떼를 혼자서 쫓아낼 정도로 실력자다.

먹이를 잡기 위해

청둥오리를 잡았다!

청둥오리를 잡은 매

매는 물가를 좋아한다. 청둥오리처럼 자신보다 큰 물새는 공중에서 한번 공격한 뒤에 지상전을 벌여 결국 사냥에 성공한다.

특선 스피드 파이터

여기에서는 동물의 분류에 상관없이 속도가 장점인 동물들을 소개한다. 빠른 속도와 강함을 모두 갖춘 챔피언은 누굴까?

스피드

긴 꼬리
급히 방향 전환할 때는 꼬리로 중심을 잡는다. 도는 방향과 반대로 빙글 흔드는 것만으로도 스피드를 유지한 채로 돌 수 있어서다.

치타

크기 1.5m **서식지** 아프리카

초원에서 가젤 등을 잡아먹는 사냥꾼이다. 세계에서 가장 빠른 동물 중 하나로, 순간 최고 속도가 무려 98km이며 100m를 5.95초에 돌파한 기록도 있다.

스피드

탄력 있는 몸

척추와 다리가 부드러워 움직일 수 있는 범위가 굉장히 넓다. 용수철처럼 탄력 있어서 한걸음에 7m나 달리기도 한다.

스피드

집어넣지 못하는 발톱

고양잇과인데도 발톱을 집어넣지 못한다. 이는 발톱이 달릴 때 지면을 차는 스파이크 역할을 해서다.

동료

톱클래스의 스피드 파이터 중에는 재빨리 도망치는 초식 동물이 많다. 게다가 육식 동물보다 더 오래 달릴 수 있다.

가지뿔영양

크기 1.5m **서식지** 북미

초식 동물 중에서 가장 빠른 속도인 시속 86km로 달릴 수 있으며, 지구력도 대단하다. 북미에서 가장 빠른 동물이지만, 새끼가 코요테에게 잡히는 경우도 있다.

캘리포니아멧토끼

크기 65cm

서식지 북미

토끼 중에서도 유난히 귀와 다리가 긴 스프린터(단거리 선수) 체형이다. 최고 속도 시속 64km로 달리는데, 소형 동물 중에서 톱클래스에 드는 수준이다.

타조

| 크기 | 2.3m |
| 서식지 | 아프리카 |

초원에서 풀을 먹는 가장 큰 조류. 최대 속도 시속 70km로 달릴 수 있으며 강력한 킥은 사자도 죽인다.

바실리스크이구아나

숲이나 물가에서 곤충이나 도마뱀 등을 먹고산다. 몸이 작아서 달리는 스피드는 초속 1m밖에 안 되지만, 물 위를 가라앉지 않고 걸을 수 있다.

| 크기 | 70cm |
| 서식지 | 중미 |

가상 배틀 21

물 위를 달리는 바실리스크이구아나에게 도전장을 내민 건 미국에 사는 유대류 주머니쥐. 둘 다 만만치 않은 동물이다!

물 위 달리기 승부

바실리스크이구아나 ➡P141 **VS** **주머니쥐**

| 파워 | 수비력 | 스피드 |

1

물 위 나뭇가지에서 바실리스크이구아나가 벼슬을 세우며 위협합니다!

점프력이 강한 동물 랭킹

1위 눈표범

해발 고도가 높은 바위산에서 사는 눈표범은 점프력이 굉장하다. 9m 이상 되는 암석 위로 뛰어오를 수 있으며 폭을 넓히면 15m도 날 듯이 뛸 수 있다. 이 놀라운 점프력으로 멀리 있는 야생 염소나 양을 단숨에 사냥한다.

여기에서는 점프가 특기인 동물들, 그중에서도 가장 높이 뛸 수 있는 동물을 소개한다. 점프하는 이유는 먹잇감을 잡거나 천적으로부터 도망치거나 재미를 위해서 등 굉장히 다양하다.

2위 큰돌고래

돌고래 중에서도 가장 빠른 수영 솜씨를 자랑하는 게 바로 큰돌고래다. 빠른 속도를 이용해 수면 위로도 높이 점프할 수 있는데 수면에서 8m 높이까지 뛰어오르기도 한다.

3위 바위타기영양

바위타기영양은 솟과에 속하는 소형종이다. 아프리카 암석 산을 폴짝폴짝 뛰어다니는데 7.2m 높이까지 점프할 수 있다.

번외편 이 동물도 대단해!

인도기러기

매우 높은 곳까지 날 수 있는 새 중 하나다. 에베레스트 산을 연결하는 히말라야 산맥을 넘나드는 철새로 공기가 적은 고산 지대를 매년 왕복한다.

숨은 동물을 찾아보자!

강한 동물도 약한 동물도 눈에 띄어서 좋을 건 거의 없다. 그래서 주위 환경과 어우러진 모습으로 자신을 숨기면서 살아가고 있다.

호랑이

검은색과 흰색의 줄무늬는 한눈에 보인다. 하지만 풀숲이나 덤불에 숨어 있으면 의외로 잘 보이지 않는다.

남부두발가락나무늘보

남부두발가락나무늘보의 몸은 이끼가 나 있어 나무에 매달린 채 몸을 둥글게 매달고 있으면 나무처럼 보인다.

북아메리카귀신소쩍새

얼룩무늬가 있는 깃털은 이들의 몸을 확실히 숨겨 준다. 둥지 입구에 얼굴을 내밀고 있어도 나무껍질과 쉽게 구분되지 않는다.

3

가드 타입

딱딱한 피부와 거대한 발톱으로 몸을 지키는 동물들이 있다. 여기에서 소개할 동물은 공격보다 방어가 특기인 동물이다.

코뿔소의 비밀

코뿔소는 거대한 몸과 피부가 변해서 생긴 뿔이 특징이다. 뿔은 평생 자라서 나이가 많을수록 길다.

 공격

두 개의 뿔

긴 뿔과 짧은 뿔이 한 개씩 있고 굉장히 단단하다. 뿔로 공격할 때는 머리를 숙이고 적에게 돌진한다.

흰코뿔소

크기 4.2m 서식지 아프리카

육상 동물 중에서 코끼리 다음으로 크다. 이 거대한 몸에 큰 뿔을 지녔으며, 시속 50km의 속도로 달리며 내는 돌진력은 단연코 톱클래스다.

거대한 몸

가장 큰 수컷의 몸무게는 무려 3.6t에 달한다. 거대한 몸에서 뿜어져 나오는 강력한 힘 덕분에 다 성장한 코뿔소에게 덤비는 동물은 거의 없다.

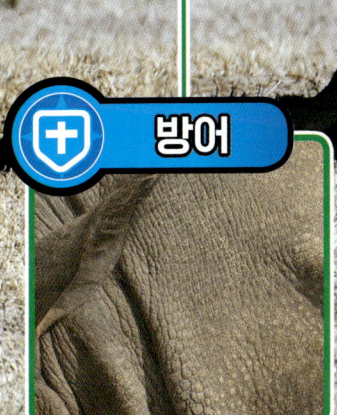

두껍고 딱딱한 피부

제법 두껍고 표면도 상당히 딱딱하다. 이 피부가 갑옷과 같은 역할을 해 줘 웬만해서는 상처가 나지 않는다.

동료

코뿔소의 동료는 뿔을 한 개 지닌 동물과 두 개 지닌 동물이 있는데, 모두 코 위에서 자라난 것이다.

검은코뿔소

크기 3.8m **서식지** 아프리카

흰코뿔소는 초원에 살며 끝이 납작한 입으로 풀을 먹고 산다. 하지만 검은코뿔소는 숲에서 살며 끝이 뾰족한 입으로 나뭇잎이나 작은 나뭇가지를 먹는다. 긴 뿔과 짧은 뿔이 각각 한 개씩 나 있으며 흰코뿔소보다 약간 몸집은 작지만, 힘이 세고 방어력이 높다.

인도코뿔소

크기 3.8m **서식지** 인도, 네팔

뿔은 한 개밖에 없지만, 뿔보다 앞니로 공격할 때가 많다. 초원 지대의 물가를 좋아하며 풀이나 나뭇잎을 먹는다.

자바코뿔소

| 크기 | 3.2m | 서식지 | 인도네시아 |

짧은 뿔 한 개만 있는데, 수컷이라고 해도 그다지 길지 않으며 뿔이 없는 암컷도 있다. 자바 섬 일부 지역에서만 서식하는 굉장히 희귀한 코뿔소다.

수마트라코뿔소

| 크기 | 3.2m |
| 서식지 | 동남아시아 |

온몸이 긴 털로 뒤덮였으며 코뿔소 중에선 피부가 얇은 편이다. 물가와 가까운 숲에서 나무껍질이나 나뭇잎을 먹고산다. 뿔은 두 개지만 짧다.

생존을 위한 사투

거대한 몸을 가진 흰코뿔소는 아프리카 초원 지대에서도 천적이 거의 없다. 설령 누군가 공격한다 해도 두꺼운 피부는 이를 훌륭히 막아 준다.

자손을 남기기 위해

뿔로 상대를 들어 올렸다!

뿔을 써서 싸우다

짝짓기 시기가 되면 수컷은 뿔을 맞대며 격렬한 싸움을 벌인다. 그러다 고개를 숙이고 상대의 몸 아래로 뿔을 집어넣어 집어 올린다.

몸을 지키기 위해

물웅덩이에서 진흙 목욕을 하다

코뿔소는 진흙 목욕을 아주 좋아한다. 질퍽거리는 땅을 발견하면 뒹굴뒹굴하면서 온몸에 진흙을 바른다. 이렇게 하면 피부가 건조해지는 것을 막고 기생충을 떨어뜨리는 효과가 있다고 한다.

몸을 지키기 위해

코끼리와 싸우다

다 큰 코끼리와 싸우지는 않지만, 아직 몸집이 작은 어린 코끼리라면 코뿔소가 이길 가능성도 있다.

가상 배틀 22

평균 사이즈가 큰 흰코뿔소와 최대 사이즈가 큰 하마. 중량급 대결에서 어느 쪽이 이길까?

거대 초식 동물 대결

흰코뿔소 ➡P150

하마 ➡P75

파워 / 수비력 / 스피드

①

물을 마시러 온 흰코뿔소를 보고 하마가 입을 벌리며 송곳니로 위협합니다!

아메리카들소의 비밀

아메리카들소는 거대하지만 뚱뚱한 게 아니다. 오히려 근육질의 탄탄한 몸을 가지고 있다.

스피드

빨리 달릴 수 있는 다리

몸은 최대 1톤까지 나갈 만큼 거대하지만, 시속 65km의 속도로 달릴 수 있다. 이 속도는 북미에선 최고 클래스다.

아메리카들소

크기 3.5m **서식지** 북미

평소에는 수컷과 암컷이 각각 작은 무리를 이루어 초원에서 풀을 뜯어먹고 산다. 하지만 짝짓기 시기가 되면 수컷 무리와 암컷 무리가 합류하여 거대한 집단을 이룬다. 이때부터 수컷들은 누가 제일 강한지 겨루기 시작한다.

공격

두껍고 날카로운 뿔

두툼하면서도 단단한 뿔은 들이받는다고 해서 부러지지 않는다. 게다가 날카로운 뿔 끝이 앞을 향하고 있어서 매우 위협적이다.

방어

머리에서 목까지 뒤덮은 두툼한 털

몸을 무성하게 뒤덮은 두꺼운 털은 몸을 지키는 데 큰 도움을 준다. 목을 물려도 천적의 송곳니가 쉽게 피부를 뚫지 못한다.

동료

여기에서 소개할 동물은 아메리카들소와 가까운 소의 일종이다. 하나같이 거대한 몸과 강력한 힘을 지녔으며 두꺼운 뿔이 달렸다.

버펄로

- 크기 ▸ 3.4m
- 서식지 ▸ 아프리카

솟과 동물 중에서 가장 큰 뿔을 지녔는데, 마치 머리에 헬멧을 쓴 것처럼 보인다. 힘이 아주 세고 난폭해 다 성장하면 사자나 표범 등도 쉽게 공격하질 못한다. 초원 지대 등에서 풀을 먹고 산다.

야크

크기 3.3m　**서식지** 아시아

고도 3,500m 이상 되는 초원 지대에서 산다. 추운 기후에 적응한 덕에 여름에도 긴 털로 뒤덮여 있다. 그 탓에 더위에 약하며 고도가 낮은 곳에서는 살지 못한다.

자이언트일런드영양

크기 3.5m　**서식지** 아프리카

나선형으로 비틀린 뿔을 지녔으며 목에는 커다란 살덩이가 늘어져 있다. 체중이 1톤에 가까울 만큼 거대하지만, 1.5m 정도 높이는 가볍게 점프한다.

봉고

크기 2.5m　**서식지** 아프리카

턱을 올리고 뿔을 등에 붙인 듯한 자세로 수풀이 무성한 곳을 고속으로 질주한다. 어쩌다 숲에서 발견되어도 바로 모습을 감추기 때문에 '숲의 마술사'라는 별명도 있다.

생존을 위한 사투

북미에서 아메리카들소를 쓰러뜨릴 만한 동물은 거의 없다. 하지만 새끼나 병약한 개체는 퓨마나 늑대의 표적이 되기도 한다.

늑대 따위 무섭지 않다!

몸을 지키기 위해

무리 지어 생활하다

성장한 개체들이 떼로 몰려 있으면 그 어떤 육식 동물도 섣불리 공격하지 못한다. 늑대가 바로 옆에서 어슬렁거리며 돌아다녀도 전혀 신경 쓰지 않고 쉴 정도다.

거대한 수컷끼리의 싸움!

수컷끼리 싸우다

교미할 때가 되면 수컷들은 전쟁을 시작한다. 거대한 머리를 서로 부딪치면서 힘을 겨뤄 승패를 정한다.

자손을 남기기 위해

아르마딜로의 비밀

딱딱한 뼈로 된 등딱지로 뒤덮인, 거북과 비슷한 포유류다. 하지만 배 쪽 피부는 아주 부드럽다.

 **방어**

갑옷 같은 등

천적에게는 등을 보이는 방식으로 방어한다. 아르마딜로의 딱딱한 등은 권총의 총알도 튕겨 낼 정도다.

 **공격**

앞발의 거대한 발톱

이 단단한 발톱으로 튼튼한 흰개미 집을 부수거나 재빨리 굴을 팔 수 있다.

왕아르마딜로

크기 1m **서식지** 남미

아르마딜로 중에서 가장 크며, 체중은 30kg에 달한다. 큰 발톱으로 개미나 흰개미 집을 부수고 채찍 같은 혀로 핥아먹는다.

공격

냄새에 민감한 코

시력은 별로 좋지 않지만, 대신 후각이 발달했다. 땅 밑의 냄새까지 맡을 수 있어 지렁이 등을 찾아서 먹기도 한다.

동료

여기에 속하는 동물들은 몸을 둥글게 말아 단단한 등으로 자신을 지킨다. 허리 부분에 두른 띠의 개수가 그대로 이름이 된 경우가 많다.

브라질세띠아르마딜로

발을 안으로 집어넣고 머리와 꼬리를 뚜껑 삼아 완전한 공 모양을 만들어 몸을 지킨다. 초원을 어슬렁거리며 곤충이나 죽은 동물을 먹고산다.

크기 27cm
서식지 남미

완벽한 공 모양이다.

여섯띠아르마딜로

크기 50cm **서식지** 남미

적을 발견하면 발을 몸 아래로 숨긴 뒤 발톱을 땅에 박고 버틴다. 초원이나 숲에서 과일이나 곤충 등을 먹고산다.

아홉띠아르마딜로

| 크기 | 57cm |
| 서식지 | 북미, 남미 |

단단한 등으로 몸을 지킬 뿐만 아니라, 점프나 헤엄에도 능하다. 아르마딜로 중에서 가장 분포지가 넓다. 풍뎅이 유충이나 흰개미 등을 먹는다.

나무천산갑

| 크기 | 45cm | 서식지 | 아프리카 |

아르마딜로와 비슷하게 생겼지만, 전혀 다른 종인 천산갑의 일종이다. 머리부터 꼬리까지 딱딱한 비늘로 뒤덮여 있으며 몸을 둥글게 말아 자신을 지킨다.

생존을 위한 사투

왕아르마딜로는 크고 단단한 몸을 지닌 동물이지만 위험을 감지하면 바로 굴을 파고 숨어 버리기 때문에 맞서 싸우는 일은 거의 없다.

몸을 지키기 위해

이 상태가 되면 그 어떤 천적도 건드릴 수가 없다!

구멍을 파는 것이 특기
커다란 앞발의 발톱으로 팍팍 흙을 파기 시작한다. 천적이 공격한다고 해도 건드릴 수 있는 건 딱딱한 등뿐이라 안전하다.

먹이를 잡기 위해

단단한 흰개미 집도 서서히 무너뜨린다!

흰개미의 집

흰개미 집을 파괴하다

왕아르마딜로의 주식은 흰개미다. 30kg이 넘는 몸을 유지하려면 하루에 3만 마리 이상의 흰개미를 먹어야 한다.

라텔의 비밀

라텔은 자기보다 큰 상대에게도 맞설 만큼 기가 센 데다가 그만큼의 능력도 갖추었다.

 **방어**

지독한 냄새의 액체를 내뿜는 냄새샘

엉덩이에 있는 냄새샘에서 천적의 눈을 향해 고약한 냄새가 나는 액체를 발사한다. 스컹크와 같은 방어 기술을 지녔다.

라텔

 크기 80cm　**서식지** 아프리카, 아시아

초원 지대와 사막에서 서식하며 꿀이나 쥐 등을 먹는다. 독사의 독에 내성이 있어 독사도 종종 잡아먹는다.

방어

머리에서 등까지 이어진 두꺼운 피부

털빛이 흰 부분은 피부가 굉장히 두껍다. 게다가 고무처럼 탄성이 있어서 잡아 찢는 게 어렵다.

공격

길고 날카로운 발톱

긴 발톱으로 벌집을 부숴 좋아하는 꿀을 마음껏 먹는다. 물론 땅을 파는 데도 선수이며 나무도 잘 탄다.

동료

족제비의 동료는 몸집은 다소 작지만, 하나같이 강력한 사냥꾼이다. 몸이 가늘고 길며 다리가 짧은 것이 특징이다.

울버린

크기 ▶ 1m 서식지 ▶ 북미, 아시아, 유럽

북극에 가까운 추운 지방의 숲에서 서식한다. 강력한 턱과 날카로운 발톱이 무기로 순록 같은 대형 포유류를 사냥하거나 늑대의 사냥감을 뺏기도 한다.

조릴라

크기 ▶ 37cm 서식지 ▶ 아프리카

엉덩이에서 고약한 냄새를 풍기는 액체를 발사해서 몸을 지키는데, 스컹크가 아닌 족제비의 일종이다. 초원 지대에서 쥐나 뱀 등을 잡아먹는다.

자이언트수달

| 크기 | 1.4m | 서식지 | 남미 |

강가에서 살며 피라냐 게 등을 잡아먹는다. 무리로 생활하며 힘을 합쳐 악어의 숨통을 끊어 놓을 만큼 전투력이 상당하다. 체중은 최대 30kg 정도 나가지만 하루에 3~4kg 정도 먹을 만큼 대식가이다.

일본족제비

| 크기 | 37cm | 서식지 | 일본 |

물가 근처의 숲에서 산다. 주로 쥐나 개구리를 먹지만, 자기보다 몸집이 훨씬 큰 야생 토끼나 닭을 공격해서 잡아먹기도 한다.

생존을 위한 사투

몸집은 그다지 크지 않은 라텔이지만, 대형 맹수에게도 기죽지 않고 덤빈다. 그 덕에 세계에서 가장 무서운 게 없는 포유류라고도 불린다.

강경한 기세의 라텔에게는 아프리카들개도 섣불리 공격하지 못한다!

몸을 지키기 위해

아프리카들개에게도 기죽지 않는다 압도적인 체격 차에도 불구하고 아프리카들개에 맞서며 한 발도 물러서지 않는 라텔. 머리와 등을 뒤덮은 두꺼운 피부는 아프리카들개의 공격도 충분히 막아 낸다.

먹이를 잡기 위해

붕붕 주위를 나는 꿀벌들!

꿀벌 집

긴 발톱으로 벌집을 부순다

벌꿀길잡이새가 꿀벌의 집이 있는 곳을 알려 주는 경우가 많다. 벌꿀길잡이새는 라텔이 먹다 남긴 꿀의 잔여물을 먹고산다.

카피바라의 비밀

느긋해 보이는 모습이 꽤 귀여워 사람들에게 인기가 많지만 의외로 전투 능력이 꽤 높다.

⚔️ 공격

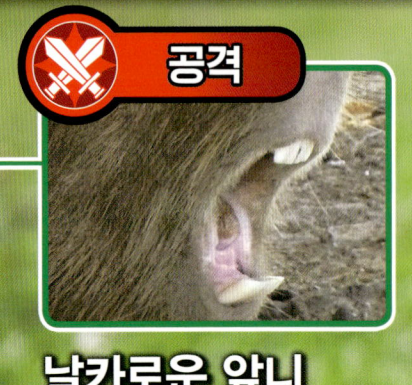

날카로운 앞니

커다란 앞니로 나무나 돌을 갉아 늘 이빨 끝을 날카롭게 관리하고 있다. 턱 힘도 세서 물리면 위험하다.

 **방어**

수세미 같은 딱딱한 털

털이 두껍고 딱딱해서 천적이 피부를 공격하면 어느 정도는 방어할 수 있다. 하지만 털의 양이 적어서 추위에는 약하다.

 **스피드**

물갈퀴가 달린 발

물 근처에서 사는 카피바라는 헤엄을 잘 친다. 교미도 물속에서 하며, 코만 물 밖으로 내밀고 자기도 한다.

카피바라

크기 1.3m　**서식지** 남미

아마존 강 유역의 수풀이나 열대림에서 서식하며 풀을 먹는다. 쥐 중에서 가장 덩치가 크며 힘도 세지만 성격이 온순한 편이라 사람이 쉽게 길들일 수 있다.

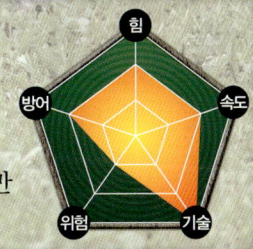

동료

여기에서 소개할 동물은 남미를 중심으로 서식하는 대형 쥐에 속하는 종류다. 분류상으로는 애완용으로 키우는 기니피그에 가깝다.

마라

- 크기 ▶ 75cm
- 서식지 ▶ 아르헨티나

토끼와 비슷하게 생겼는데, 초원에서 풀을 먹으며 산다. 발이 굉장히 빨라 천적에게 쫓길 땐 시속 45km로 점프하면서 도망친다.

뉴트리아

- 크기 ▶ 64cm
- 서식지 ▶ 남미

강이나 늪에서 서식하며 주로 수초를 먹고 산다. 모피를 얻기 위해 수입한 것이 전 세계적으로 야생화됐다. 한국에서는 생태계 교란 야생 생물로 지정했다.

친칠라

크기 > 38cm   서식지 > 칠레

높은 산의 암석 지대에서 서식하며 풀잎이나 뿌리 등을 먹고산다. 모피가 두껍고 땅딸막한 체형이지만 천적에게 공격당하면 1m 이상 뛰어오를 수 있다.

파커

크기 > 80cm   서식지 > 북미, 남미

물 근처 숲에서 서식하며 과일이나 나뭇잎을 먹는다. 헤엄을 잘 치는데 천적에게 공격당하면 15분 이상 잠수할 수 있다. 몸에는 흰색 줄무늬가 있다.

생존을 위한 사투

카피바라가 아무리 몸집이 크다 해도 쥐의 일종이다. 비슷한 크기의 다른 동물들에게 쉽게 지진 않지만, 카피바라의 천적은 아주 많다.

물속에 숨어 천적에게서 몸을 지킨다

진화를 거듭한 몸

물 밖으로 코를 내밀고 헤엄치다

낮에는 물속에서 쉬는 경우가 많은데, 코, 눈, 귀만 물 밖으로 내밀고 몸은 완전히 담근 상태로 있다. 천적에게 공격당하면 바로 물속으로 뛰어들어 5분 이상 잠수하기도 한다.

천적에게 입은 부상

재규어

남미 최강인 재규어에게는 당할 수 없다!

재규어에게 잡히다

카피바라의 육지 천적은 바로 재규어다. 재규어에게 공격을 당하면 카피바라의 든든한 무기인 단단한 피부도 쉽게 뚫린다.

특선 수비형 파이터

여기에서는 동물 분류에 상관없이 방어가 주특기인 동물을 골라 소개한다. 최강의 방어력을 가진 동물은 무엇일까?

방어

두툼하고 단단한 다리

최대 200kg이 넘는 육중한 몸을 지탱하는 다리는 매우 두꺼운데, 마치 코끼리 다리와 비슷하다. 발톱이 발달해 구멍도 잘 판다.

알다브라코끼리거북

크기 1.2m　　**서식지** 세이셸

육지에 사는 거북 중에서 등딱지가 가장 큰 수비형 파이터다. 해안에서 서식하며 긴 목을 죽 빼 풀이나 나뭇잎을 먹고산다.

🛡 방어

거대한 등딱지

크면서도 단단한 등딱지는 적의 공격으로부터 몸을 보호해 준다. 하지만 큰 발까지 등딱지 안으로 숨기는 건 불가능하다.

🛡 방어

세계에서 가장 긴 수명

조나단이라는 이름의 알다브라코끼리거북은 만 185세(2017년 현재)로 추정된다. 조나단은 지금까지 알려진 동물 중에서 가장 오래 산 동물이다.

동료

수비를 잘하는 동물은 몸집이 크고 두꺼운 피부를 가진 종류가 많다. 그중에서도 뿔과 등딱지로 몸을 지키는 동물이 있다.

말코손바닥사슴

크기 3.1m

서식지 북미, 유럽, 아시아

서늘한 한랭지 수풀에서 나뭇잎 등을 먹으며 산다. 사슴 중에서도 가장 체격이 크며 뿔도 거대하다. 몸무게가 800kg이 넘는 개체도 있다.

기린

크기 4.7m **서식지** 아프리카

지금까지 알려진 가장 큰 기린은 땅에서 뿔까지 키가 무려 6m에 달했던 수컷이었다. 긴 다리를 활용한 짓밟는 공격으로 육식 동물을 쫓아 버린다. 초원 지대에서 서식하며 나뭇잎을 먹고산다.

쌍봉낙타

크기 3.5m **서식지** 아시아

영하 40도에서 영상 40도를 넘나드는 건조한 초원 지대에서 서식하며 풀 등을 먹는다. 몸은 탄탄하며 두꺼운 털로 뒤덮여 있고 등에는 커다란 지방 덩어리(혹)가 두 개 나 있다.

영양분을 사용하면 혹이 작아진다.

미국악어

크기 6m **서식지** 미국

미시시피 강 유역에서 서식하는 대형 앨리게이터로 주로 물고기를 먹고산다. 등에는 우둘투둘한 비늘로 뒤덮여 있는데 덕분에 갑옷을 입은 것처럼 자신을 방어할 수 있다.

가상 배틀

거대한 코끼리거북의 상대는 애완용으로 사랑받는 토끼. 동화의 결말처럼 거북은 토끼를 이길 수 있을까?

토끼와 거북의 동화 대결

알다브라코끼리거북 ➡ P190 **VS** **굴토끼**

	파워	수비력	스피드

① 토끼가 갑자기 거북의 머리를 뒷발로 찍고 멀리 달아납니다.

괴상한 모습의 동물

모습은 괴상하지만, 그들은 신경 쓰지 않는다.
진화의 결과로 이런 모습이 되었을 뿐이니까.

별코두더지

크기 ▶ 13cm **서식지** ▶ 북미

코끝에 난 22개의 돌기를 펼치면 마치 별처럼 보이는 괴상한 모습의 두더지. 이 돌기로 주위를 더듬으며 곤충이나 지렁이를 먹고산다. 물론 삽 같은 앞발로 구멍을 파는 데도 선수다.

화식조

크기 ▶ 1.9m
서식지 ▶ 호주, 뉴기니

목에서부터 늘어진 육수(닭 종류의 수컷의 목 아래에 늘어져 있는 살덩이)가 마치 불을 먹은 모양 같다고 해서 '화식조(火食鳥)'라는 이름이 붙었다. 단단한 벼슬을 지녔으며 새 중에서 가장 난폭하다.

표범카멜레온

크기 ▶ 50cm **서식지** ▶ 마다가스카르

몸 표면이 우둘투둘하며 색이 변한다. 좌우 두 눈이 각각 따로 움직이며 긴 혀를 재빨리 내밀어 곤충 등을 잡아먹는다. 파충류 중에서도 꽤 기이한 모습을 지녔다.

4 테크닉 타입

큰 소리를 내거나 지혜를 발휘하거나 독을 주입하는 테크니컬 파이터들. 여기에서는 자기만의 기술을 사용해 싸우는 동물들을 소개한다.

태즈메이니아 데빌의 비밀

죽은 고기가 주식이라 사냥을 하는 일은 거의 없지만, 동료들끼리는 늘 투덕거린다.

방어

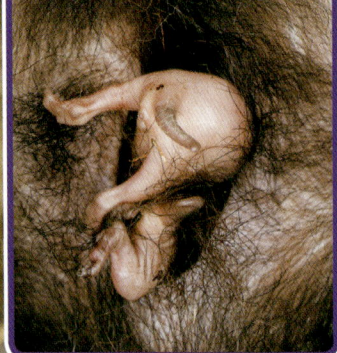

배에 있는 주머니

새끼는 암컷의 배에 있는 주머니 안에서 키운다. 주머니 입구는 뒤쪽으로 열리기 때문에 구멍을 파도 흙이 거의 들어가지 않는다.

공격

큰 입

몸과 비교하면 입이 매우 크다. 더욱이 커다란 입에는 날카로운 이빨이 나 있는데 무는 힘이 비슷한 크기의 모든 동물 중에서 최고다.

태즈메이니아 데빌

크기 65cm **서식지** 태즈메이니아

한밤중에 숲을 돌아다니며 동물의 사체를 찾아 먹는다. 높은 톤으로 잘 우는데, 그 목소리를 악마의 것으로 생각한 사람들이 '데빌(악마)'이라는 이름을 붙였다.

구멍을 파는 발톱
땅속에 둥지를 만드는데, 날카로운 발톱은 땅을 팔 때 유용하게 쓰인다.

🛡 **방어**

여기에서는 암컷이 배주머니로 새끼를 키우는 유대류 중에서도 태즈메이니아 데빌과 가까운 종을 소개한다.

주머니고양이

크기 45cm

서식지 태즈메이니아

얼굴은 별로 닮지 않았지만, 생태는 살쾡이와 비슷하며 유대류 중에서는 꽤 뛰어난 사냥꾼이다. 숲이나 초원에서 서식하며 재빠른 몸놀림으로 곤충이나 도마뱀 등을 잡아먹는다.

더스키엔테치누스

크기 17cm

서식지 호주

엔테치누스는 '쥐를 닮은, 고슴도치처럼 딱딱한 털을 지닌 것'이라는 뜻이다. 가는 발가락에 긴 발톱이 달려 있고 곤충이나 작은 새를 먹고산다.

주머니개미핥기

| 크기 | 27cm |
| 서식지 | 호주 |

다람쥐처럼 생겼지만, 긴 혀로 흰개미를 잡아먹는다. 굉장히 경계심이 많고 재빨라 유대류 중에서는 드물게도 독수리나 뱀 같은 천적이 많은 낮에도 활동할 수 있다.

다스마니아승냥이

| 크기 | 1.3m |
| 서식지 | 태즈메이니아 (마지막 서식지) |

예전에는 세계 최대의 육식 유대류였지만 1936년에 멸종하고 말았다. 초원이나 숲에서 왈라비 등을 잡아먹었던 사냥꾼으로, 이름처럼 늑대와 비슷하게 생겼다. 등에 줄무늬가 있어 '태즈메이니아타이거'라는 별명도 있었다.

생존을 위한 사투

태즈메이니아 데빌은 종종 자기들끼리 다툰다. 그 탓에 상처로 병균이 감염되기 쉽다는 약점이 있다.

먹이를 잡기 위해

붉은목왈라비

죽은 왈라비의 사체를 지키다
모처럼 발견한 붉은목왈라비 사체를 혼자서 차지하려고 가까이 다가오는 동료들을 모두 쫓아내는 중이다.

승패는 입의 크기로 결정난다!

자손을 남기기 위해

바로 폭발한다
교미 시기가 되면 수컷끼리는 격렬한 싸움을 벌일 뿐만 아니라 먹을 것을 두고도 다투는 등 사소한 일로도 바로 붙어 싸우기 시작한다.

침팬지의 비밀

침팬지와 긴팔원숭이 등 인간에 가까운 원숭이는 유인원으로도 불린다.

침팬지

크기 96cm　**서식지** 아프리카

숲에 서식하며 과일이나 곤충 등을 먹는다. 유인원 중에서는 침팬지만이 고기를 먹는데, 같은 원숭이나 다람쥐를 쫓아가 잡아먹기도 한다.

공격

높은 지능

돌을 이용해 단단한 나무 열매를 깨부수거나 길고 가는 봉으로 흰개미를 개미집에서 건져 먹는 등 도구를 사용해 먹을 것을 얻는 경우가 많다.

공격

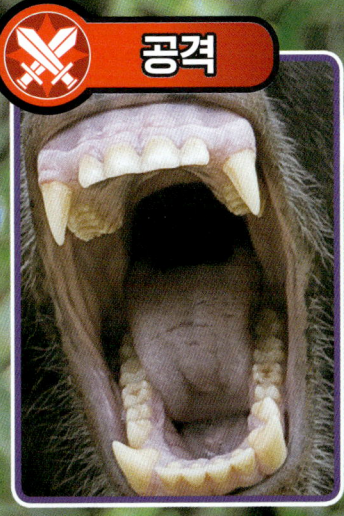

발달한 송곳니

침팬지는 인간과 같은 잡식성이지만, 송곳니가 크고 날카롭다. 게다가 무는 힘이 강해, 먹잇감의 뼈도 단박에 부술 수 있다.

공격

유용한 손

인간의 손처럼 엄지손가락과 다른 네 개의 손가락으로 이루어져 있으며 물건을 제대로 잡을 수 있다.

동료

원숭이는 지능이 높고 손을 잘 쓸 줄 안다. 대부분 잡식성이지만, 초식성도 꽤 많다. 도구를 쓸 줄 아는 종도 있다.

보르네오오랑우탄

크기 1m

서식지 보르네오 섬

수풀에서 과일 등을 먹고살며, 나무에서 내려오는 일이 거의 없다. 긴 팔과 어깨는 굉장히 힘이 세서 두께 1cm의 쇠막대 정도는 간단히 구부러뜨린다.

베네수엘라붉은짖는원숭이

크기 63cm **서식지** 남미

턱밑에 불룩한 공기주머니가 있어 이름처럼 5km 밖에서도 들릴 만큼 큰 소리로 외친다. 이 소리 덕에 근방의 무리와 맞부딪혀 싸우는 것을 미리 방지할 수 있다.

동부고릴라

| 크기 | 1.7m | 서식지 | 아프리카 |

원숭이 중에서 가장 몸집이 큰데 수컷은 무게만 160kg 정도 나간다. 숲에서 풀이나 과일을 먹고 살며, 성격이 온순하다. 하지만 수컷이 무리를 지키기 위해 싸울 땐 두꺼운 팔로 상대를 꽉 움켜쥐거나 혹은 멀리 집어던진다.

검은손거미원숭이

| 크기 | 63cm |
| 서식지 | 중미 |

발과 꼬리가 매우 길어서 거미와 흡사하다 하여 이런 이름이 붙었다. 꼬리 끝으로 나뭇가지를 잡을 수 있어 재규어 같은 천적을 만나면 재빨리 도망친다.

생존을 위한 사투

침팬지는 자주 싸우는 동물 중 하나다. 수컷이 한 마리만 있는 무리를 노렸다가 집단으로 공격하기도 한다.

자손을 남기기 위해

어깨를 넓게 펴서 몸을 크게 보이게 한다!

수컷끼리 싸우다

무리 중에서 누가 제일 강한지 정하려고 싸운다. 더욱이 다른 무리와 싸울 때는 둘 중 하나가 죽을 때까지 싸우는 경우도 있다.

작은 원숭이는 통째로 먹는다!

타나강붉은콜로부스

먹이를 잡기 위해

원숭이를 잡아먹다

원숭이 중에는 특이하게도 육식성이 강한 종들이 있다. 떼를 지어 타나강붉은콜로부스 같은 작은 원숭이를 사냥하는데, 성공하면 서로 나누어 먹는다.

가상배틀 31

남미 정글에서 큰 소리로 고함을 치는 짖는원숭이. 하지만 위협적인 목소리라면 재규어도 지지 않는다.

큰 소리 대결

베네수엘라붉은짖는원숭이 ➡P210

재규어 ➡P13

파워			
수비력			
스피드			

① 수컷 짖는원숭이 여럿이 소리를 지르는데 재규어 한 마리가 접근합니다.

우오
우오오오

개미핥기의 비밀

곤충 중에서도 가장 숫자가 많은 개미와 흰개미를 잡아먹기 쉽도록 진화한 동물이 바로 개미핥기다.

공격

거대한 발톱
개미와 흰개미의 집을 부수는 데 사용하는 소중한 무기. 하지만 너무 길고 큰 발톱은 일상생활에 방해가 돼 걸을 때는 안쪽으로 구부린 뒤 주먹을 쥐고 걷는다.

방어

탄탄한 꼬리
꼬리에는 30cm가 넘는 긴 털이 나 있는데 잘 때는 이불처럼 몸을 덮는다. 또한, 꼬리로 몸을 지탱하며 뒷발로 일어설 수도 있다.

큰개미핥기

크기 2m　**서식지** 중미, 남미

개미핥기 중에서도 가장 몸집이 크며, 적에게 공격받으면 앞발 발톱으로 반격한다. 초원에서 생활하는데 하루에 약 3만 마리의 개미나 흰개미를 먹는다고 한다.

공격

긴 혀

혀의 길이는 60cm 이상이다. 이렇게 긴 혀를 1분에 약 150회 이상 밖으로 내밀면서 빠른 속도로 개미나 흰개미를 핥아먹는다.

동료

개미핥기는 북미와 남미에 서식한다. 모두 개미나 흰개미를 주식으로 삼으며 이빨은 없다.

작은개미핥기

| 크기 | 90cm | 서식지 | 남미 |

땅에서 적을 만나면 앞발 발톱을 휘두르며 위협하다가 적이 멈칫한 순간 재빠르게 나무 위로 도망친다. 나무 위에선 발톱을 가지에 걸고 이동한다. 북부작은개미핥기보다는 덩치가 크며 남미에만 살고 있다.

애기개미핥기

| 크기 | 22cm |

| 서식지 | 중미, 북미 |

뒷발로만 나뭇가지를 잡고 몸을 지탱하며, 천적에게 공격을 받으면 앞발로 얼굴을 가리고 방어한다. 동물의 이름을 정할 때 같은 종 중에서 덩치가 작은 종에는 '애기'라는 이름을 주로 붙였는데, 개미핥기 중에서 가장 몸집이 작아 '애기개미핥기'라는 이름을 갖게 되었다. 나무 위에서 개미집을 부순 뒤 식사를 한다.

소형 개미핥기로 무기는 앞발 발톱이다. 나무 위에서 지내는 시간이 많다. 꼬리를 나뭇가지에 걸 수 있다. 북미 멕시코부터 남미 페루까지가 서식지이다.

북부작은개미핥기

| 크기 | 77cm | 서식지 | 북미, 남미 |

땅돼지

초원 지대에서 흰개미를 주식으로 삼는 동물로, 개미핥기가 아닌 관치목 땅돼짓과에 속한다. 코끝이 돼지와 비슷하지만, 분류상 돼지와는 거리가 멀다. 몸이 굉장히 단단하며 굴 파기가 특기다.

| 크기 | 1.6m | 서식지 | 아프리카 |

생존을 위한 사투

큰개미핥기의 최대 무기는 거대한 발톱이다. 육식 동물을 만나면 뒷발로 서서 발톱을 휘두르며 대항한다.

개미집을 부순 뒤 혀로 날름날름 핥아먹는다!

개미집

먹이를 잡기 위해

개미집을 부수다

개미나 흰개미 집을 부술 때 긴 발톱이 큰 역할을 한다. 개미집의 출입구를 무너뜨리면 개미나 흰개미가 우르르 쏟아져 나오는데 그때를 놓치지 않고 핥아먹는다.

엄마와 함께라면 몸을 숨길 수 있어요!

몸을 지키기 위해

새끼를 업다

갓 태어난 아기 개미핥기는 엄마의 등에 업혀 이동한다. 아기 개미핥기가 엄마의 등을 꽉 붙잡고 있으면 색이나 모양이 비슷해서 잘 보이질 않아 새끼를 노리는 독수리 등 적의 눈을 피할 수 있다.

부엉이·올빼미의 비밀

시력과 청력이 뛰어나 어둠 속에서도 움직이는 먹잇감을 정확히 잡을 수 있다. 하지만 냄새는 거의 못 맡는다고 한다.

미국(아메리카)수리부엉이

크기 56cm　**서식지** 북미, 남미

열대부터 한대 기후 지역에 이르기까지 다양한 환경에 적응하며 살아가고 있으며, 토끼와 쥐 등을 잡아먹는다. 북미 대륙에 서식하는 부엉이 중 최대종으로, 체중이 2.5kg이나 된다.

공격 — 밤에도 잘 볼 수 있는 눈

눈이 매우 큰 편으로 어두워지면 눈동자가 커진다. 밤에도 잘 볼 수 있어서 야행성 포유류에게는 최대의 천적이다.

공격 — 4개의 날카로운 발톱

사냥감을 잡을 때는 등을 확 움켜쥐는데, 날개로 균형을 잡으면서 땅으로 콱 밀어붙여서 숨통을 조여 죽인다.

공격 — 조용히 비행하는 날개

몸에 비교하면 날개가 크다. 천천히 날개를 펄럭이기에 날갯짓 소리가 작다. 날개는 유연하며 표면에 짧은 털이 나 있어 소리를 줄이는 효과가 있다.

동료

부엉이·올빼미의 동료는 밤에 활동하는 사냥꾼이다. 어둠 속에서 소리도 없이 주위를 날아다니며 강력한 발톱으로 먹잇감을 사로잡는다.

칡부엉이

귀처럼 생긴 긴 털(귀뿔깃)이 특징인 수리부엉이. 천적이 가까이 다가오면 몸을 길게 늘여서 나뭇가지인 척한다. 호랑이 무늬와 비슷한 반점이 있다.

| 크기 | 40cm |

| 서식지 | 북미, 유럽, 아시아 |

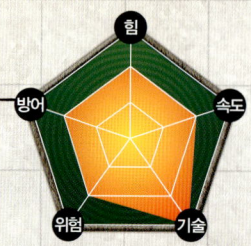

블래키스톤물고기잡이부엉이

나무가 우거진 삼림 지대에 살며 얕은 강을 헤엄치는 물고기를 공중에서 낚아챈다. 일본에서는 홋카이도에서만 사는데 특이하게도 '섬올빼미'라고 불린다.

| 크기 | 71cm | 서식지 | 아시아 |

흰올빼미

북극 주변에서 서식하며 몽글몽글한 새하얀 깃털이 온몸을 뒤덮고 있다. 주로 레밍이라는 쥐를 잡아먹는데, 레밍의 둥지 위를 배회하다가 얼굴을 내밀면 바로 낚아챈다.

크기 60cm

서식지 북미, 유럽, 아시아

엘프올빼미

딱따구리가 만들어 놓은 나무 구멍 안에서 산다. 전 세계에서 가장 작은 부엉이로 체중은 40g밖에 되지 않으며, 곤충이나 전갈 등을 잡아먹는다.

크기 14cm

서식지 북미

229

생존을 위한 사투

미국수리부엉이는 완벽한 육식성으로 대부분의 먹잇감이 야행성 포유류지만 새나 뱀을 포함한 500종 이상의 동물을 잡아먹는다.

먹이를 잡기 위해

줄무늬올빼미

올빼미를 사냥하다

같은 올빼미과에 속하는 새를 잡아먹을 때도 있다. 먹잇감이 된 건 미국수리부엉이보다 덩치가 다소 작은 줄무늬올빼미다.

먹이를 잡기 위해

— 사향쥐 새끼

사향쥐 새끼를 잡다
사향쥐는 몸길이가 30cm 정도 되는 거대한 쥐다. 발톱을 목에 정확히 박아 넣고 한 발로 가볍게 운반한다.

까마귀에게 습격당하다
밤에는 무적의 부엉이지만, 낮에는 까마귀가 더 우세하다. 까마귀에게 공격당하면 영역 밖으로 도망칠 수밖에 없다.

— 까마귀

먹이를 잡기 위해

가상 배틀 33

엉덩이에서 고약한 액체를 발사하는 스컹크에게 미국수리부엉이의 공격은 먹힐 것인가?

발톱 대 방귀 대결

미국수리부엉이 ➡P226

VS

등줄무늬스컹크 ➡P249

| 파워 | 수비력 | 스피드 |

1

수리부엉이가 스컹크를 노리고 하늘에서 내려옵니다.

가상 배틀 34

어둠 속을 날아다니는 새와 포유류의 대결. 체중은 양쪽 모두 40g 정도로, 그야말로 박빙의 승부다!

한밤의 공중전 대결

엘프올빼미 ➡P229 VS **흡혈박쥐** ➡P249

파워		
수비력		
스피드		

1

돼지의 피를 빨아먹으려고 땅을 기어가는 박쥐.

코브라의 비밀

코브라와 같은 독사에게 물리면 송곳니에서 사람도 죽일 만큼 강한 독이 흘러나와 피부 안으로 들어간다.

 **공격**

독사 중에서 최대 크기

독사는 먹잇감을 조여 죽일 필요가 없어서 몸집이 그다지 크지 않다. 하지만 킹코브라는 체중만 10kg이 넘을 만큼 아주 크다.

킹코브라

크기 5.5m **서식지** 아시아

숲에 살며, 다른 뱀을 주식으로 삼는다. 뱀 중에서도 매우 특이하게 암컷은 알을 낳은 뒤에도 새끼가 부화할 때까지 알을 지킨다.

공격

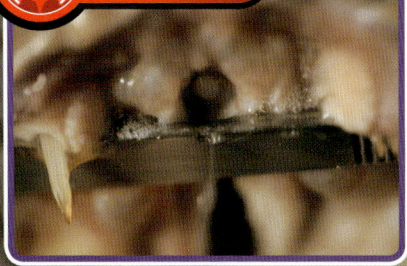

독을 주입하는 송곳니

몸집이 큰 만큼 독의 양도 엄청나다. 한 번 물리면 코끼리도 사망할 정도로 많은 양의 독이 주입된다.

방어

목의 폭을 넓힌다

킹코브라는 생각보다 온순한 데다가, 쓸데없이 무는 일은 없다. 천적을 만나면 머리를 높이 치켜들고 목을 넓고 평평하게 해서 최대한 커 보이게 하는 것으로 위협하여 쫓아내려고 한다.

동료

여기에서 소개할 뱀들은 세계에서 가장 위험한 최대 크기의 독사들이다. 하지만 일본살무사 같은 독사는 1m 이하인 것이 많다.

블랙맘바

초원 지대에서 서식하며, 쥐나 새를 잡아먹는다. 굉장히 재빠르고 독의 세기도 세계 최강 클래스다. '블랙맘바'라는 이름은 입안이 검은 데서 유래됐다.

| 크기 | 3.5m |
| 서식지 | 아프리카 |

타이팬

나무가 우거진 삼림에 서식하며 주머니토끼 등을 잡아먹는다. 매우 공격적이며 강력한 독을 지녀서 블랙맘바와 함께 세계에서 가장 위험한 독사로 꼽힌다.

| 크기 | 3.5m |
| 서식지 | 호주, 뉴기니 |

반시뱀

오키나와에 있는 22개 섬에 서식하는 일본 고유종으로 일본 내 최대 독사이다. 쥐가 주식이라 사람에게 도움을 주는 뱀이지만, 물리는 사고도 끊이지 않고 있다.

크기 2.4m

서식지 일본

동부다이아몬드방울뱀

이곳에서 "샤샤샤샤~" 하는 소리를 낸다.

몸에 검은 다이아몬드 문양이 있는 최대 크기의 방울뱀이다. 방울처럼 꼬리 끝을 부풀려 소리를 내 위협한다. 숲에서 쥐나 토끼를 잡아먹는다.

크기 2.4m

서식지 미국

생존을 위한 사투

킹코브라의 최대 무기는 물론 독니지만, 긴 몸으로 돌돌 감아 죄어 죽일 수도 있다.

먹이를 잡기 위해

주식은 다른 뱀이다!

뱀을 잡아먹다

다른 뱀을 주식으로 삼는 습성 탓에 '킹코브라(뱀의 왕)'라는 이름이 지어졌다. 킹코브라의 몸이 더욱 길게 진화한 것도 다른 뱀을 쉽게 삼키기 위함이라는 추측이 있다.

자손을 남기기 위해

귀엽게 생겼지만, 독은 최강!

새끼 킹코브라

어린 시절의 킹코브라는 검은색과 황색의 줄무늬가 있지만, 크면서 점점 색이 옅어진다. 몸집은 작아도 다 큰 킹코브라와 같은 맹독을 지니고 있다!

가상 배틀 35

최강의 독을 가진 뱀과 가장 거대한 몸을 가진 뱀. 둘 중 세계 최강의 뱀은 누굴까?

독사 VS 대형 뱀

블랙맘바 ➡P238 VS **아프리카비단구렁이** ➡P64

| 파워 | 수비력 | 스피드 |

① 비단구렁이에게 공격당한 블랙맘바가 물려고 하지만 피부가 두꺼워 이빨이 박히질 않습니다!

덥석

특선 테크니컬 파이터

여기에서는 동물 분류에 상관없이 한 가지 방면에 뛰어난 동물들을 소개한다. 최강의 기술을 가진 동물은 과연 무엇일까?

공격

역시 큰뿔야생양

수컷의 뿔은 매우 거대한데 최대 크기가 120cm이며 무게만 14kg이나 된다. 교미할 시기가 오면 수컷들은 누가 가장 강한지를 정하려고 도움닫기를 하며 뿔로 격한 전투를 벌인다.

방어

가로로 긴 눈동자

눈은 얼굴의 양옆에 있는데, 검은 눈동자는 가로로 긴 타원형 모양이다. 이 눈 덕분에 더욱 넓은 범위를 확인할 수 있다.

암벽 지대를 오르내릴 수 있는 다리

네 개의 발가락 끝에는 큰 발톱 두 개와 작은 발톱 두 개가 나 있다. 큰 발톱 사이가 잘 벌어지므로 바위를 움켜쥐면서 오르락내리락할 수 있다.

스피드

큰뿔야생양

크기 2m　**서식지** 북미

높은 산에서 풀이나 나뭇잎을 먹고산다. 수컷끼리 뿔을 부딪치며 싸우는 경우가 많지만, 머리뼈에 있는 공간이 쿠션이 되어 충격을 완화한다.

동료

뿔, 가시, 송곳니, 방귀 등 자신만의 무기로 싸우는 테크니컬 파이터들은 하나같이 별종들이다.

아이벡스

수컷의 뿔은 10년 동안 약 1m 정도 자라고, 교미 시기에는 뿔을 부딪치며 수컷끼리 싸운다. 알프스 산맥의 암석 지대에서 풀이나 나뭇잎을 먹고산다.

| 크기 | 1.7m |
| 서식지 | 유럽 |

갈기산미치광이

아프리카 초원 지대나 숲에서 서식하며 풀이나 과일 등을 먹는다. 천적을 만나면 등에 난 가시를 바짝 세워서 경고하며 등을 돌려 돌진한다.

| 크기 | 90cm | 서식지 | 아프리카 |

등줄무늬스컹크

| 크기 | 40cm | 서식지 | 북미 |

삼림이나 초원에 서식하며, 곤충이나 과일을 먹고산다. 엉덩이에서 고약한 냄새가 나는 액체를 발사하기 때문에 천적에게 당하는 일은 거의 없다.

흡혈박쥐

가늘고 날카로운 앞니로 동물의 피부를 찢은 뒤 흐르는 피를 핥아먹는다. 앞발의 엄지발가락이 길고 뒷발도 두툼해서 땅을 차면서 걸을 수 있다.

| 크기 | 9cm |

| 서식지 | 북미, 남미 |

가상 배틀 38

가시로 몸을 지키는 산미치광이와 고약한 냄새를 풍기는 액체를 발사하는 조릴라. 둘 다 결코 상대하고 싶지 않은 위험한 동물이다.

가시 공격 VS 악취 공격

갈기산미치광이 ➡P248

VS

조릴라 ➡P176

| 파워 |
| 수비력 |
| 스피드 |

1

산미치광이와 마주치자 조릴라는 죽은 척을 하네요.

위험한 동물 랭킹

1위 뱀

인간을 통째로 삼킬 만큼 거대한 몸집의 뱀은 거의 없지만, 인간을 죽음에 이르게 할 만큼 맹독을 지닌 뱀은 매우 많다. 전 세계에서 독사에게 물려 죽는 사람은 연간 약 5만 명. 한국에서도 매년 4천 명 이상이 뱀에 물려 응급실을 찾고 있다.

동물 중에는 사람에게 매우 위협적인 종류도 꽤 많다. 매년, 전 세계에서 동물에게 습격받아 사망하는 사람들이 있다. 여기에서는 사람을 습격한 예가 있는 무시무시한 동물들을 소개한다.

2위 악어

악어는 따뜻한 지역에서 서식한다. 하지만 그들의 주거지인 강이나 개천으로 수많은 사람이 물을 쓰려고 오기에, 매년 천 명도 넘는 사람들이 악어에게 잡아먹힌다.

3위 하마

하마는 코뿔소에 필적할 만큼 거대하며 힘도 센 동물이다. 하지만 강에서 서식해서 사람과 마주치기 쉬운데, 아프리카에서는 매년 500명 정도가 하마에게 죽임을 당한다고 한다.

번외편 — 이 동물도 위험해!

개

광견병은 한 번 증상을 나타내면 사망률이 100%에 달하는 치명적인 질병으로, 연간 약 2만5천 명의 사람들이 이 병으로 사망한다. 광견병 바이러스를 가진 동물 중에서 사람을 가장 많이 무는 동물이 바로 개다.

- **편자** 아마나/네이처 & 사이언스
  동물, 식물, 우주 등 자연 과학을 전문 분야로 하는 기획 제작 집단. 1979년 창설한 이래, 어린아이부터 어른에 이르기까지 폭넓은 독자층을 대상으로 아름다운 비주얼과 과학적 근거를 기반으로 한 작품을 다수 저술하였다. 저서로는 『외래 생물 도감』(호루푸출판), 『일본의 아름다운 빛깔의 새』(X-Knowledge), 『유감스러운 생물 사전』(고교서점), 『이런 점도 있었어?』(성문당신광사), 『세상에서 가장 아름다운 눈, 깡충거미』(나츠메사), 『재미있는 동물 화석』, 『재미있는 식물 화석』(하출서방신사) 등이 있다.

- **역자** 최진선
  이화여자대학교 문헌정보학과를 졸업했다. 학창 시절부터 일본 애니메이션 및 만화, 소설, 드라마, 뮤지컬 등을 두루 섭렵했다. 십수 년 동안 출판사에서 편집자로 근무했으며, 현재는 프리랜서 번역가로 활동 중이다. 번역한 책으로 『프린세스 시리즈』, 『만화로 배우는 정리 정돈』, 『싸우는 곤충 대백과』(코믹컴) 등이 있다.

- **일러스트** 코보리 후미히코
- **디자인** 시바 토모유키(Studio Dunk)
- **사진 제공** iStock / Getty Images amana images
- **집필 협력** 마루야마 타카시
- **편집 협력** 아라이 타다시(아마나 / 네이처 & 사이언스)

싸우는 동물 대백과 맹수 최강왕 결정전

편자 아마나/네이처 & 사이언스
역자 최진선
찍은날 2017년 10월 13일 초판 1쇄
펴낸날 2023년 10월 27일 초판 3쇄
펴낸이 홍재철
편집 이혜원
디자인 박성영
마케팅 황기철·안소영
펴낸곳 루덴스미디어(주)
주소 경기도 고양시 일산동구 무궁화로 43-55, 604호(장항동, 성우사카르타워)
홈페이지 http://www.ludensmedia.co.kr
전화 031)912-4292 | **팩스** 031)912-4294
등록 번호 제 396-32100002510020080000001호
등록 일자 2008년 1월 2일

ISBN 979-11-88406-26-5 76490
ISBN 978-89-94110-83-7(세트)

결함이 있는 책은 구입하신 곳에서 바꾸어 드립니다.
값은 뒤표지에 있습니다.

이 도서의 국립중앙도서관 출판시도서목록(CIP)은 e-CIP홈페이지
(http://www.nl.go.kr/ecip)에서 이용하실 수 있습니다. (CIP제어번호 : CIP2017025780)

Original Japanese title : TATAKAU DOUBUTSU DAIHYAKKA SAIKYOU JUOU KETTEISEN
Copyright © 2017 by Seito-sha Co., Ltd.
Original Japanese edition published by Seito-sha Co., Ltd.
Korean translation rights arranged with Seito-sha Co., Ltd.
through The English Agency (Japan) Ltd. and Eric Yang Agency, Inc